Schott 20ᵗʰ Century Classics

54 Piano Pieces from Janáček to Chick Corea

Edited by / Herausgegeben von / Edité par
Fritz Emonts und Rainer Mohrs

ED 9565
ISMN M-001-13398-2

www.schott-music.com

Mainz · London · Madrid · New York · Paris · Prag · Tokyo · Toronto
© 2003 SCHOTT MUSIK INTERNATIONAL GmbH & Co. KG, Mainz · Printed in Germany

Inhalt / Contents / Contenu

Unsere Abende / Our Evenings

(1902/1908)

Leoš Janácek
1854–1928

aus/from/de: L. Janáček, Auf verwachsenem Pfade/On an overgrown path

6

Voiles

(1909/10)

Claude Debussy
1862–1918

Modéré (♪ = 88)

(Dans un rythme sans rigueur et caressant.)

aus/from/de: C. Debussy, Préludes I, No. 2

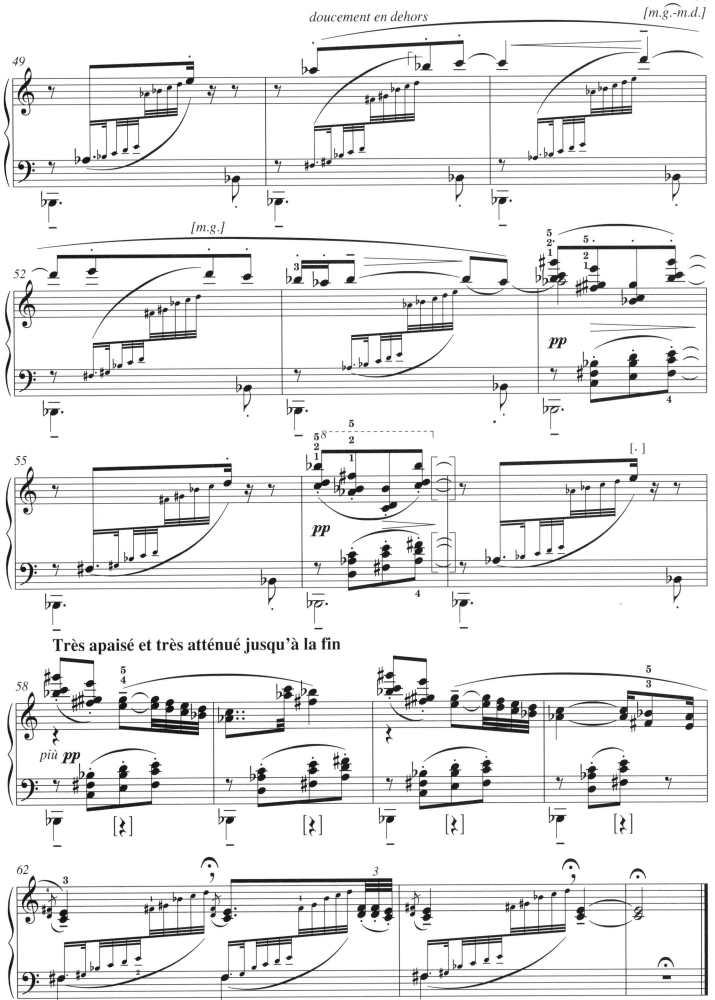

*Très „neuf heures du matin" (Ricardo Viñes) *)*

Sévère réprimande
Stenger Verweis / Severe Reprimand
(1912)

Erik Satie
1866–1925

*) Ausgesprochen „Neun Uhr morgens"/Very "nine a. m."
aus/from/de: E. Satie, Véritables préludes flasques (pour un chien)
Wahrhaft schlaffe Präludien (für einen Hund)/Veritable flabby preludes (for a dog)/No. 1

imbiber *)

Corpulentus

Retenir

en force

Cæremoniosus   Pædagogus

*) sich vollsaugen/imbibe

Wall Street Rag

(1909)

Scott Joplin
1868–1917

Very slow march time [♩ = 72]

Panic in Wall Street, brokers feeling melancholy. *)

*) Krach in der Wallstreet; unter den Börsenmaklern herrscht eine gedrückte Stimmung/
  Krach à la Wallstreet; les boursiers sont d'humeur morose.

aus/from/de: S. Joplin, Ragtimes, Schott ED 7554

*) Bessere Zeiten künden sich an/Une période meilleure s'annonce.

Good times have come.*)

*) Bessere Zeiten sind gekommen/Une période meilleure a commencé.

[♩= 92]

Listening to the strains of genuine negro ragtime, brokers forget their cares.*)

*) Beim Anhören eines echten Neger-Ragtimes vergessen die Börsenmakler ihre Sorgen/
En écoutant un vrai ragtime des noirs d'Amérique, les boursiers oublient leurs soucis.

2 Préludes

(1912/13)

Alexander Skrjabin
1872–1915
op. 67 No. 1

Albumblatt

Album leaf / Feuille d'album

(1902)

Max Reger
1873–1916

aus/from/de: M. Reger, Blätter und Blüten/Leaves and blossoms (No. 1)

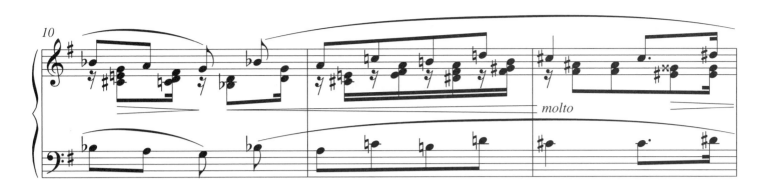

molto

poco rit. _ _ _ _ *a tempo*

p

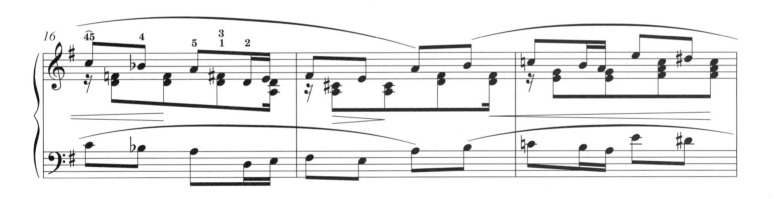

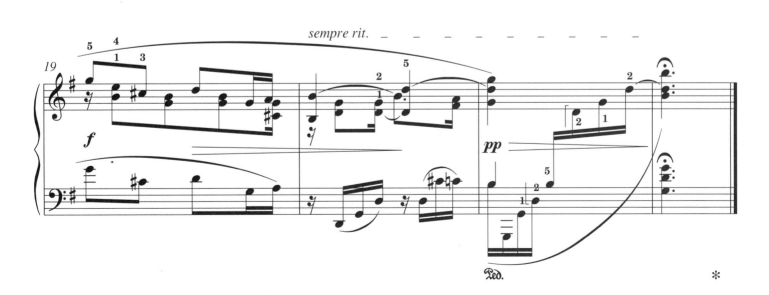

sempre rit. _ _ _ _ _ _ _ _

f

pp

Ped. *

Kleine Klavierstücke
Little Pieces for Piano
(1911)

Arnold Schönberg
1874–1951

I

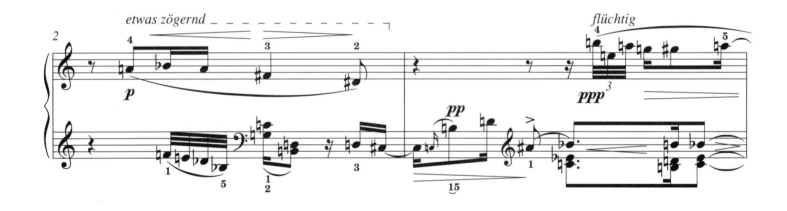

aus/from/de: A. Schönberg, Sechs kleine Klavierstücke/Six Little Pieces for Piano op. 19, UE 5069

II

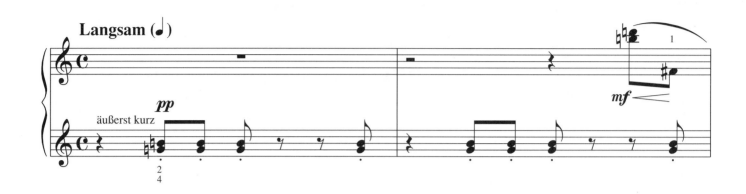

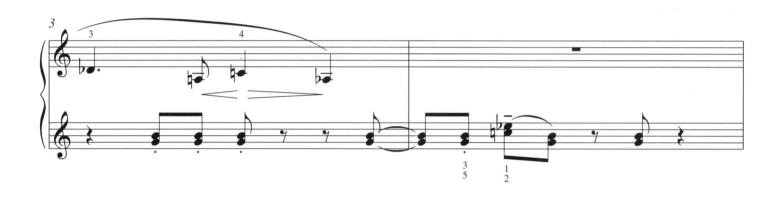

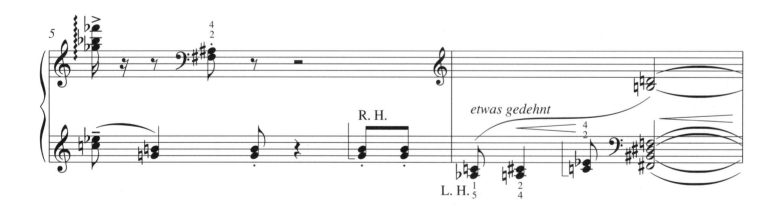

VI

Syncopation
(1940)

Béla Bartók
1881–1945

aus/from/de: B. Bartók, Mikrokosmos, Vol. 5 (No. 133)

Abend auf dem Lande
Evening in the Country / Soirée à la campagne

(1908)

Béla Bartók
1881–1945

Aus/from/de: B. Bartók, 10 leichte Klavierstücke/10 Easy Piano Pieces

Vivo, non rubato

Fiesta
(1929)

Joaquín Turina
1882–1949
op. 52/7

aus/from/de: J. Turina, Miniaturas op. 52, Schott ED 2106

Der Jongleur / The Juggler

(1924)

Ernst Toch
1887–1964
op. 31/3

aus/from/de: E. Toch, Burlesken für Klavier op. 31, ED 1822

⌐⌐ = Pedal

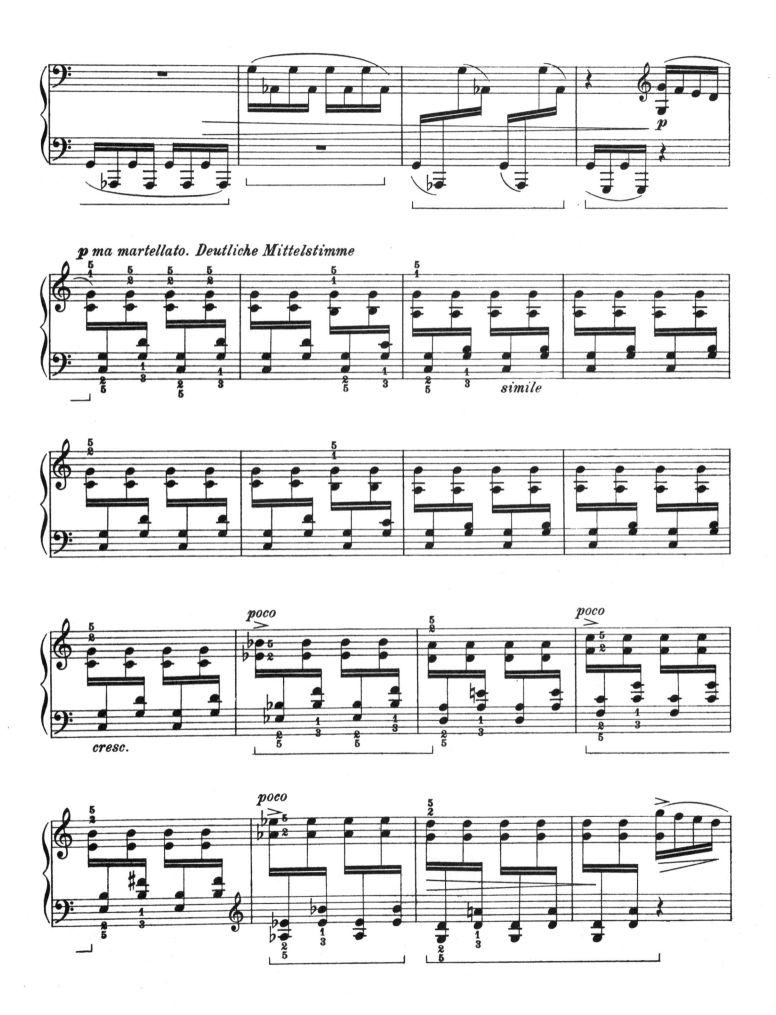

Par T. S. F.
(Par Télégraphie sans fils) *)
(1926)

Bohuslav Martinů
1890–1959

*) drahtlose Telegraphie/by telegraphy without wires

La machine à coudre / Die Nähmaschine

(1944)

Jacques Ibert
1890–1962

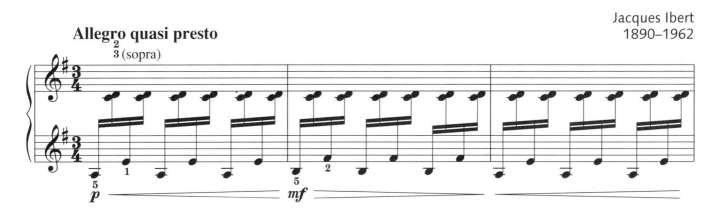

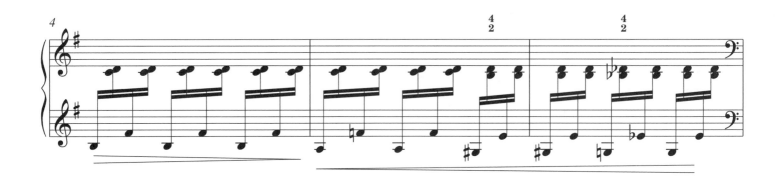

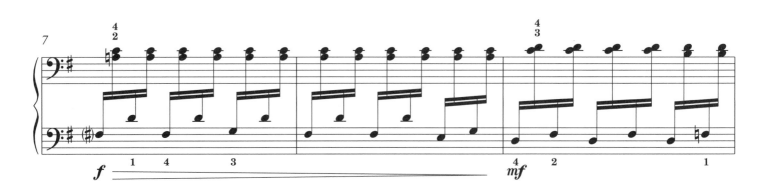

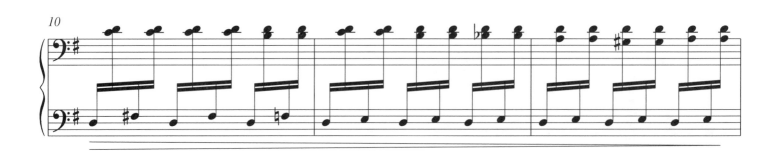

aus/from/de: J. Ibert, Petite Suite en 15 images (No. 11)

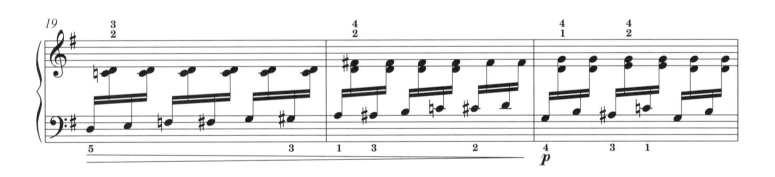

Prélude

(1947/48)

Frank Martin
1890–1974

aus/from/de: F. Martin, 8 Préludes pour le piano, No. 3, UE 11 973

Visions fugitives / Flüchtige Erscheinungen

(1915/17)

Sergej Prokofjew
1891–1953

aus/from/de: S. Prokofjew, Visions fugitives op. 22, No. 1 + 10

Ridicolosamente

D'un vieux jardin

(1914)

Lili Boulanger
1893–1918

aus/from/de: Lili Boulanger, Trois morceaux pour piano

Tempo I

Klavierstück / Piano Piece

(1929)

Paul Hindemith
1895–1963

Interludium und Fuga tertia

(1942)

Paul Hindemith
1895–1963

aus/from/de: P. Hindemith, Ludus tonalis, Schott ED 3964

3 Klavierstücke / 3 Piano Pieces

(1934)

Carl Orff
1895–1982

aus/from/de: C. Orff, Klavierübung, Schott ED 3561
Im ersten Teil dieses Stückes nimmt der Komponist eine im "Reie" der "Carmina Burana" ausgearbeitete, im zweiten Teil eine in "Chramer, gip die varwe mir" (ebenfalls in "Carmina Burana") verwendete Idee vorweg./ In the first part of this piece the composer has used an idea which later has been elaborated in "Reie", a piece of "Carmina Burana". The idea of the second part was used in "Chramer, gip die varwe mir" ("Carmina Burana").

Diese musikalische Idee hat Carl Orff später in dem Tanz "Uf dem Anger" in "Carmina Burana" aufgegriffen./
Carl Orff used this musical idea later in the dance "Uf dem Anger" in "Carmina Burana".

Prelude

(1927)

George Gershwin
1898–1937

Andante con moto e poco rubato ($\quarternote = 88$)

*) Bis zum Einsatz der Melodie kann die Unterstimme auf 2 Hände verteilt werden./
The bottom part can be split and played by 2 hands until the entry of the melody.
aus/from/de: G. Gershwin, Preludes for Piano

Largamente con moto

Rustica

(1941)

Joaquín Rodrigo
1901–1999

aus/from/de: J. Rodrigo, Tres Danzas de España, Schott ED 7452

Sentimental Melody
Slow Dance
(1929)

Aaron Copland
1900–1990

Non allegro, legato

Märchen von fernen Ländern
Fairy-tales from Faraway Countries

(1948)

Aram Chatschaturjan
1903–1978

aus/from/de: A. Chatschaturjan, Abenteuer des Iwan/Iwan's adventures (No. 8)

Ap agapak

Variationen über ein baschkirisches Volkslied
Variations on a Bashkirian Folk Song

(1933)

Mátyás Seiber
1905–1960

aus/from/de: Mátyás Seiber, Rhythmische Studien/Rhythmical Studies, Schott ED 2328

Praeludium

(1933)

Dmitrij Schostakowitsch
1906–1975

Moderato non troppo (♩ = 108)

aus/from/de: D. Schostakowitsch, 24 Praeludien, Vol. 1 No. 10

Passacaglia

(1944)

Wolfgang Fortner
1907–1987

aus/from/de: W. Fortner, Kammermusik für Klavier, 2. Satz, Schott ED 2219

Praeludium
(1945)

Kurt Hessenberg
1908–1994
Op. 35/10

aus/from/de: K. Hessenberg, 10 kleine Praeludien/10 little preludes, op. 35 (No. 10), Schott ED 1403

Ballad

(1988)

Eduard Pütz
1911–2000

Slow and tender

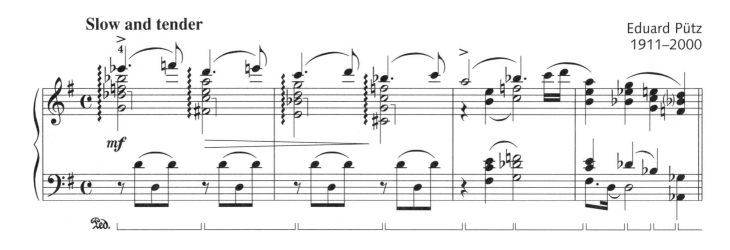

aus/from/de: E. Pütz, Jazz Sonata for Piano, Schott ED 7954

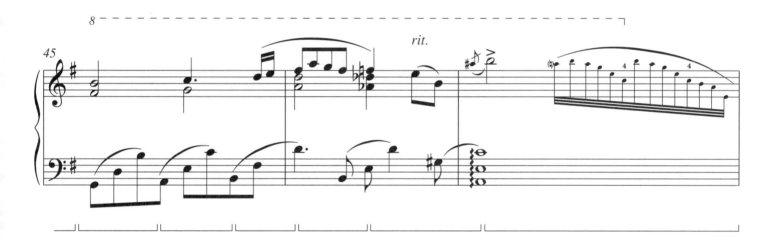

En cas de succès

Für den Fall eines Erfolges / In case of success

(1965)

Jean Françaix
1912–1997

aus/from/de: J. Françaix, Cinq „Bis"/Fünf Zugabestücke, Schott ED 5826

Aria
(1949)

Bernd Alois Zimmermann
1918–1970

aus/from/de: B. A. Zimmermann, Enchiridion, Kleine Stücke für Klavier, Schott ED 4214

Musica ricercata IV

(1951/53)

György Ligeti
* 1923

Tempo di Valse (poco vivace - „à l'orgue de Barbarie") ♩. = 96 *)

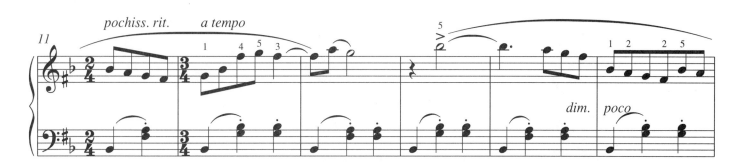

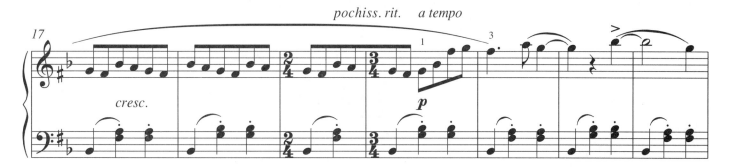

*) Die Metronomangabe bezieht sich auf die maximale Geschwindigkeit: Das Stück kann frei interpretiert werden - zuweilen langsamer -, mit rubati, ritenuti, accelerandi, wie der Leierkastenspieler sein Instrument kurbelt./The metronome value refers to the maximum tempo, the piece may be interpreted freely - as well as being slower - with rubati, ritenuti, accelerandi, just as an organ grinder would play his barrel organ.

aus/from/de: G. Ligeti, Musica ricercata per pianoforte (No.4), Schott ED 7718

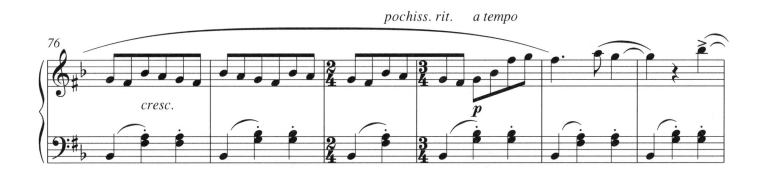

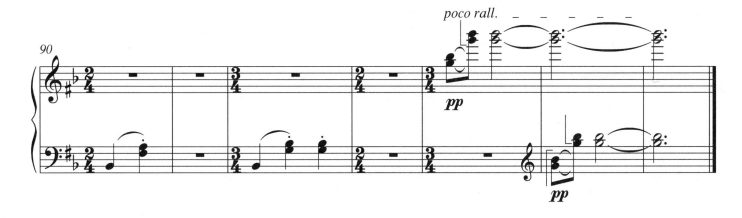

Musica ricercata VI

(1951/53)

Györgi Ligeti
* 1923

aus/from/de: G. Ligeti, Musica ricercata (No. 6), Schott ED 7718

*) Pedal bei jedem Anschlag wechseln / Change pedal with each note / Relacher la pédale à chaque accord.

Jazz Exercise No. 2

(1966)

Oscar Peterson
*1925

aus/from/de: O. Peterson, Jazz Piano for the Young Pianist, Vol. 3

Jazz Exercise No. 3

Oscar Peterson
* 1925

Es ist dem Spieler überlassen, die Achtel und die punktierten Sechzehntel triolisch zu spielen (Swing)/ The player is free to play the quavers and dotted semiquavers in triplets (swing)/L'interprète est libre de jouer les croches et les doubles croches pointées en triolets (swing).

Ballade

(1980)

Hans Werner Henze
* 1926

aus/from/de: H. W. Henze, 6 Stücke für junge Pianisten/6 Pieces for young pianists, Schott ED 6959

Nocturne III

(1975)

Wilhelm Killmayer
*1927

aus/from/de: W. Killmayer, An John Field, Nocturnes, Schott ED 6688

(Am Grat)

Litany

(1990)

Toru Takemitsu
1930–1996

aus/from/de: T. Takemitsu, Litany, 2 Pieces in memory of Michael Vyner, Schott SJ 1057

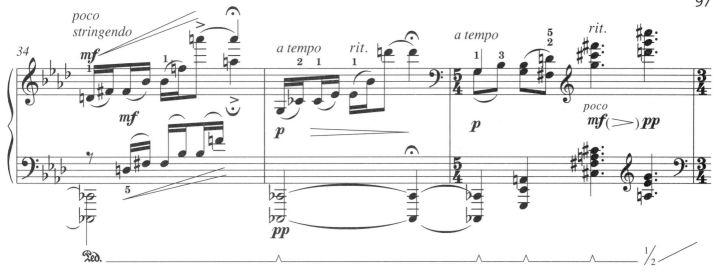

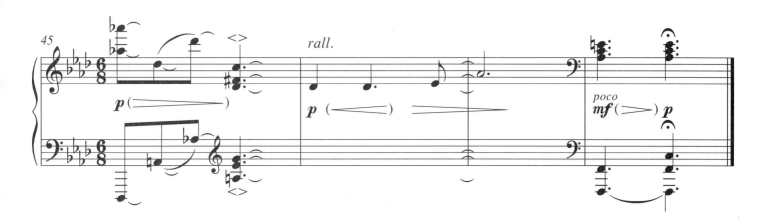

Cloud in the Distance

(1989)

Toshi Ichiyanagi
* 1933

aus/from/de: T. Ichiyanagi, Cloud Atlas (No. 8), Schott SJ 1059

Hommage à Messiaen

(1989/90)

Georg Kröll
* 1934

Presque vif (♪ = 160)

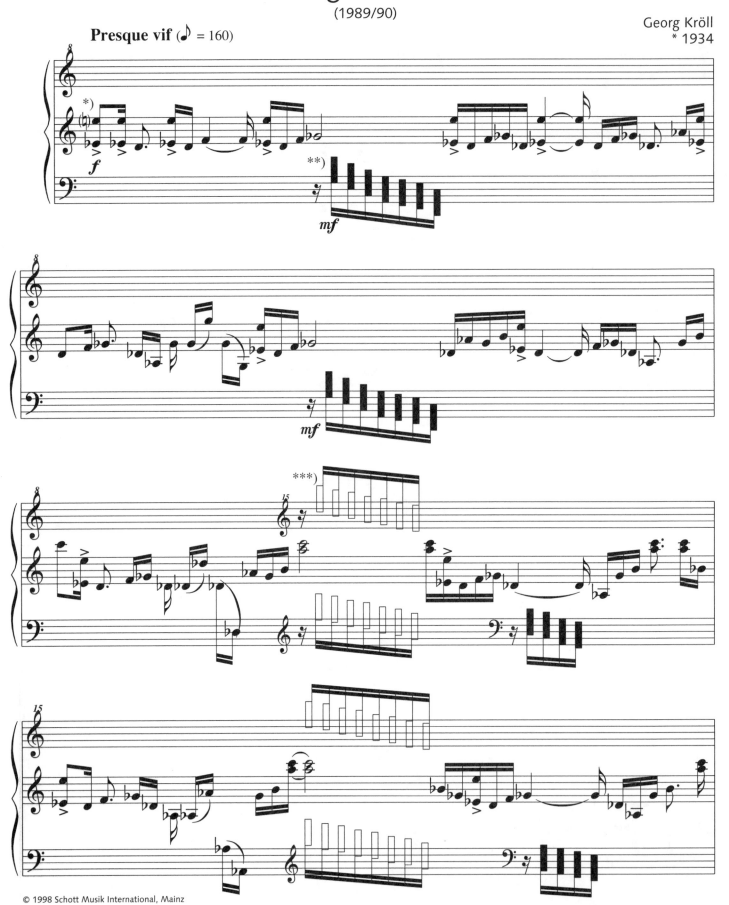

*) Vorzeichen gelten nur für die Note, vor der sie stehen/Accidentals only apply to the following note/Les altérations se réfèrent seulement à la note suivante.

**) Cluster mit der Handfläche auf schwarzen Tasten zu spielen/The Clusters on black keys played with the palms/Cluster à jouer avec la paume sur les touches noires.

***) Dasselbe auf weißen Tasten/Same on the white keys/La même chose sur les touches blanches.

aus/from/de: G. Kröll, Tagebuch für Klavier/Diary for Piano, Schott ED 8883

(de plus en plus
véhément)

Falscher Chinese (ein wenig besoffen)

Fake Chinese (slightly drunk)

(1980)

Helmut Lachenmann
* 1935

aus/from/de: H. Lachenmann, Ein Kinderspiel, 7 kleine Stücke (No. 4)/ Child's Play, 7 little Pieces (No. 4), Edition Breitkopf EB 8275

*) Ab hier gelten für die rechte und die linke Hand voneinander unabhängige crescendo- und diminuendo-Zeichen./A partir d'ici, les indi-
cations de crescendo et de decrescendo sont indépendantes pour la main droite et la main gauche.

- de

(Rechte Hand übernimmt unauffällig)

Children's Song No. 5

(1978)

Chick Corea
* 1941

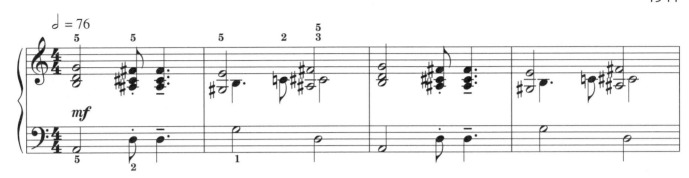

aus/from/de: Chick Corea, Children's Songs, 20 Pieces for Keyboard, Schott ED 7254

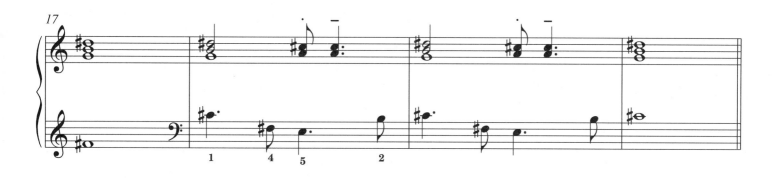

Children's Song No. 7

(1979)

Chick Corea
* 1941

aus/from/de: Chick Corea, Children's Songs, 20 Pieces for Keyboard, Schott ED 7254

Chillan

(1982)

Susanne Erding
* 1955

Die kaputte Schallplatte / The Ruined Record

(1984)

Mike Schoenmehl
* 1957

aus/from/de: M. Schoenmehl, Little Stories in Jazz, Schott ED 7186

In memory of Toru Takemitsu

Tune for Toru

(1996)

Mark-Anthony Turnage
* 1960

aus/from/de: M.-A. Turnage, True Life Stories, 5 Meditations for piano solo (No. 5), Schott ED 12677

für Hans Werner Henze

2 Miniaturen
1. Omaggio
(1993/94)

Moritz Eggert
* 1965

aus/from/de: M. Eggert, Hämmerklavier I-VI, Schott ED 8622

2. Silberberg-Variation

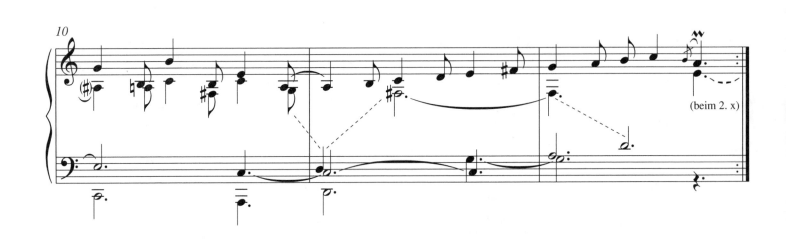

(beim 2. x)

Schott Musik International, Mainz 50992

Zu den Werken

Leoš Janáček, geb. 1854 in Hukvaldy/Mähren (Tschechische Republik) als neuntes Kind eines Lehrers und Organisten, studierte in Prag, Leipzig und Wien. Erst die Wiederaufführung seiner Oper „Jenufa" 1918 in Wien brachte ihm späte weltweite Berühmtheit, nachdem er bereits zahlreiche Bühnenstücke, Sinfonien, Kammermusik- und Chorwerke sowie Lieder und Klavierkompositionen geschaffen hatte. Janáček wirkte als Dirigent, Herausgeber einer Musikzeitschrift und Kompositionslehrer am Konservatorium in Brünn. 1928 starb er in Mährisch-Ostrau. Viele seiner Werke beruhen auf der Sprachmelodie der nordmährischen Volkslieder. Im Klavierstück *Unsere Abende*, das der Komponist durchgehend im ¼-Takt geschrieben hat, werden die Besinnlichkeit und Ruhe der Abendstunden musikalisch zum Ausdruck gebracht.

Claude Debussy, geb. 1862 in St-Germain-en-Laye, gest. 1918 in Paris, gilt als Begründer und Vollender des musikalischen Impressionismus. Das zeigt sich besonders in seinem umfangreichen Klavierschaffen. 1910 erschienen zwei Bände mit je 12 Préludes, deren charakterisierende Titel nicht als Überschriften, sondern als Fußnoten am Ende der Stücke notiert sind. Das mehrdeutige Wort *Voiles* lässt sich mit „Segel", „Schleier" oder „Vorhang" übersetzen. Das impressionistische Stück lebt von der Sensibilität des Klanges, der Melodik und der Harmonik (Ganztonleiter in den Terzen des Anfangs).

Erik Satie, geb. 1866 in Honfleur (Normandie), gest. 1925 in Paris, schrieb originelle Klavierwerke, die sich bewusst von der etablierten romantischen Klaviermusik distanzieren und auf pathetischen Ausdruck verzichten oder ihn ironisch verfremden. Auffallend sind exzentrische Titel und Überschriften wie „Schlappe Präludien für einen Hund", „Klavierstücke in Form einer Birne" oder „Bürokratische Sonatine". Satie war mit Debussy, Cocteau und Picasso befreundet und gehörte mit Honegger, Milhaud und Poulenc zur fortschrittlichen „Groupe des Six". Grundlage vieler seiner Kompositionen sind kleine Geschichten, die als Texte zwischen die Notensysteme gesetzt sind und an die Phantasie des Hörers appellieren. Das Klavierstück „Strenger Verweis" besteht aus zwei Elementen: Die schnellen Bewegungen der rechten Hand symbolisieren das Laufen eines Hundes, die langen Notenwerte der linken Hand die lauten Rufe seines Herrn.

Scott Joplin, geb. 1868 in Texarkana, gest. 1917 in New York, war Vorläufer und Mitbegründer des Jazz in Amerika. Er machte sich einen Namen als Pianist und Komponist. Der Ragtime (von „ragged time" = zerrissene Zeit) ist eine rhythmische Musik mit vielen Synkopen und ein frühes Zeugnis für die künstlerische Eigenständigkeit der farbigen Musiker. Zahlreiche originale Tempobezeichnungen Joplins (not fast; very slow; slow march time) unterstreichen, dass der Ragtime nicht zu schnell gespielt werden sollte. Der *Wall Street Rag* ist ein programmatisches, humorvolles Stück, in dem die anfänglich bedrückte Stimmung der Börsenmakler nach und nach überwunden wird.

Alexander Skrjabin, geb. 1872 in Moskau, gest. 1915 ebenda im Alter von 43 Jahren, studierte am Moskauer Konservatorium und leitete dort später für fünf Jahre eine Klavierklasse. Er unternahm zahlreiche Konzertreisen durch Europa und die USA und lebte ab 1904 im Ausland, bis er 1910 nach Moskau zurückkehrte. Seine Kompositionen für Klavier sind sehr zahlreich und vielgestaltig, von 74 Opusnummern widmete er 68 dem Klavier. Die beiden *Préludes* sind sehr unterschiedlich im Tempo sowie im Ausdruck; das erste ist ganz im ⅝-Takt notiert, die Spielanweisungen *vague* und *mysterieux* können mit „unbestimmt" und „geheimnisvoll" übersetzt werden, *déchirant* mit „klagend" oder „herzzerreißend". Kleinere Hände können die Nonen und Dezimen der linken Hand leicht arpeggieren. Das zweite Prélude erfordert eine längere Zeit des Einzelstudiums beider Hände, wobei das Metronom als Kontrolle empfohlen wird.

Max Reger, geb. 1873 in Brand im Fichtelgebirge, gest. 1916 in Leipzig, wurde nur 43 Jahre alt. Trotz seines kurzen Lebens hat Reger eine große Anzahl von Kompositionen geschrieben: für Orchester, Kammermusik, Gesang, Chor und besonders zahlreich für Orgel, Klavier und für zwei Klaviere. Das ausgewählte Stück *Albumblatt* ist einer Sammlung von 12 Klavierstücken entnommen, die Reger 1902 komponiert und 1910 unter dem Titel „Blätter und Blüten" veröffentlicht hat. Reger verteilt die Melodie auf beide Hände (unisono im Oktavabstand), die rechte Hand ergänzt die rhythmische und harmonische Begleitung.

Arnold Schönberg, geb. 1874 in Wien, steht zusammen mit seinen Schülern Alban Berg und Anton Webern für die so genannte Zweite Wiener Schule, deren Merkmal die Verwendung zwölftönigen musikalischen Materials ist. Zwischen 1915 und 1917 diente Schönberg als deutscher Soldat im ersten Weltkrieg, 1925 wurde er Professor für Komposition an der Musikhochschule in Berlin. 1933 emigrierte er in die USA, wo er in Boston und in Los Angeles als Kompositionslehrer wirkte. Er starb 1951 als amerikanischer Staatsbürger. Im Gesamtschaffen Schönbergs nimmt die Klaviermusik nur einen geringen Umfang ein. Die *Sechs kleinen Klavierstücke* sind meisterhaft gestaltete Miniaturen und besonders geeignet, *Ohren* und *Finger* an atonale Zusammenhänge zu gewöhnen. Die Dynamik, zwischen den Extremen *ppp* und *fff* stehend, spielt eine wichtige Rolle.

Béla Bartók, geb. 1881 in Südungarn, war ein phänomenaler Pianist und ein leidenschaftlicher Sammler von ungarischer, slowakischer, rumänischer und arabischer Folklore. Nach großen Erfolgen als Komponist und Pianist emigrierte er 1940 in die USA, wo er 1945 in New York starb. Mit seinem sechsbändigen Zyklus „Mikrokosmos" hat er eine unverzichtbare Materialsammlung für den modernen Klavierunterricht geschaffen. Bedeutsam sind aber auch seine Opern-, Orchester- und Chorwerke, seine Kammermusik sowie seine Lieder. Im Stück *Syncopation* darf das rechte Pedal nur benutzt werden, wo Bartók dies vorgeschrieben hat. *Abend auf* *dem Lande* lebt von den Gegensätzen „Lento rubato" und „Vivo <u>non</u> rubato". Im langsamen Teil ist das Pedalspiel beim Harmoniewechsel angebracht, im Vivo nicht (außer dort, wo Bartók es eingetragen hat).

Joaquín Turina, geb. 1882 in Sevilla, war Schüler von Moritz Moszkowski und Vincent d'Indy in Paris, lebte seit 1914 aber vorwiegend in Madrid, wo er 1949 starb. Seine Klavierwerke, aber auch die Kammer- und Orchestermusik sind geprägt durch folkloristische Einflüsse aus Andalusien, die mit den harmonischen und klanglichen Mitteln der französischen Impressionisten verarbeitet werden. *Fiesta* ist ein typischer schneller Tanz in der Art andalusischer Folklore. Man muss sich Tanzpaare in festlichen Kostümen und mit stolzen, disziplinierten Bewegungen vorstellen.

Ernst Toch, geb. 1887 in Wien, gest. 1964 in Los Angeles, schrieb 7 Sinfonien sowie zahlreiche Kammermusik- und Klavierwerke. Er studierte zunächst Medizin und Philosophie und emigrierte 1934 nach Amerika, wo er 1936 Lehrer für Komposition und Klavier an der Universität von Südkalifornien in Los Angeles wurde. *Der Jongleur*, sein bekanntestes Klavierstück, muss sehr schnell gespielt werden, den Bewegungen eines Zirkus-Artisten entsprechend. Das Staccato stets spitz und trocken, Pedal nur, wo der Komponist dies fordert! Die technische Lockerheit darf nicht verloren gehen, auch wenn „molto vivo" gespielt wird.

Bohuslav Martinů, geb. 1890 in der mährischen Stadt Polička, war zunächst Geiger der tschechischen Philharmonie in Prag und Kompositionsschüler von Josef Suk. 1923 ging er nach Paris, wo er Unterricht bei Albert Roussel nahm. Als 1940 deutsche Truppen in Frankreich einmarschierten, flüchtete er in die USA. Sein umfangreiches Klavierwerk enthält neben folkloristischen Tänzen wie Dumka, Gopak, Polka, Habanera und Tango auch vom Jazz beeinflusste Stücke wie Blues, Charleston und Foxtrott sowie vier Klavierkonzerte. Martinů starb 1959 als Amerikaner in Liestal (Schweiz). Als das Stück *Par T.S.F.* (Télégraphie sans fils = „Telegraphie ohne Draht") 1926 komponiert wurde, bestand die drahtlose Telegraphie noch im Abticken des Morse-Alphabets. Da das Klavier unter allen Instrumenten am besten geeignet ist, ein solches Ticken musikalisch darzustellen, hatte Martinů die Idee zu diesem Klavierstück.

Jacques Ibert, geb. 1890 in Paris, gest. 1962 ebenda, komponierte Bühnenwerke, sinfonische und konzertante Werke sowie Kammermusik; in seiner Klaviermusik überwiegen programmatische Titel. Er war 1937–1960 Direktor der „Académie de France" in der Villa Medici in Rom sowie 1955/56 zugleich auch Operndirektor in Paris. Als Ibert 1944 das Stück *La machine à coudre* komponierte, besaßen viele Familien noch eine Nähmaschine, die mit den Füßen in Bewegung versetzt wurde.

Frank Martin, geb. 1890 in Genf, gründete dort 1926 eine Kammermusik-Gesellschaft, in welcher er bis 1937 als Pianist und Cembalist tätig war. Von 1928–1938 lehrte er Komposition in Genf, 1950–1957 an der Musikhochschule Köln. Seine Werke waren zunächst beeinflusst durch die Spätromantik, nach 1930 unter dem Eindruck Schönbergs auch durch die Zwölftonmusik. 1974 starb er in Naarden (Nordholland). Im *Prélude* hält die linke Hand das Stück rhythmisch und harmonisch in fließender Bewegung (tranquillo ma con moto). Die rechte Hand spielt ein sparsames, rezitativähnliches Cantabile, das von der Wellenbewegung der linken Hand getragen wird. Vorübergehend gibt es eine große dynamische Steigerung auf der 2. Seite, die sich jedoch wieder verliert (perdendosi) und in der Tiefe verschwindet.

Sergej Prokofjew, geb. 1891 in der Ukraine, gest. 1953 in Moskau, darf als einer der fruchtbarsten Komponisten des 20. Jahrhunderts bezeichnet werden. Neben sinfonischer und konzertanter Musik sowie bedeutenden Bühnenwerken schrieb er zahlreiche Kammermusik- und Klavierwerke. Er konzertierte in Russland, Deutschland, England, Frankreich, Japan und den USA; sein Ruf als Klavier-Virtuose war ebenso groß wie der als Komponist. In den *Visions fugitives* („Flüchtige Erscheinungen") ist die Nr. 1 *Langsam* „mit einfachem Ausdruck" zu spielen, stets *pp* oder noch leiser. Ab Takt 14 wiederholt sich das Stück, aber eine chromatische Mittelstimme gesellt sich hinzu. Im 2. Stück *Ridicolosamente* („humorvoll/witzig") spielt die linke Hand streng im Takt, immer *piano*. Die rechte Hand bringt lustige Sprünge und gelegentliche „Schreie" in den rhythmisch strengen Ablauf.

Lili Boulanger, geb. 1893 in Paris, war die Schwester von Nadia Boulanger, die als Lehrerin für Klavier und Komposition Weltruf erlangte. Lili studierte bei ihrer Schwester – Nadia war sechs Jahre älter –, als diese noch Assistentin am Pariser Conservatoire war. Lili starb 1918 in Mézy (Seine-et-Oise). *D'un vieux jardin* beginnt in cis-Moll, enthält aber harmonische Entwicklungen, die sich weit von der Grundtonart entfernen und erst am Ende wieder dorthin zurückkehren. Die Eigenständigkeit der Melodik und die harmonische Originalität erwecken tiefe Bewunderung angesichts der Tatsache, dass die hoch begabte Komponistin bereits mit 25 Jahren gestorben ist.

Paul Hindemith, geb. 1895 in Hanau, gest. 1963 in Frankfurt/Main, war seit 1927 Kompositionslehrer an der Berliner Musikhochschule. Aus politischen Gründen verließ er Deutschland 1935, lebte zeitweise in der Schweiz und in den USA, wohin er 1940 ganz übersiedelte. 1946 wurde er amerikanischer Staatsbürger. Hindemith war Geiger und Bratschist, hat jedoch in seinem umfangreichen Schaffen auch das Klavier bedacht. Bedeutsam sind seine drei Klaviersonaten und der „Ludus tonalis", der nach dem Vorbild von Bachs „Wohltemperiertem Klavier" 12 Fugen enthält, die durch ein Präludium eingeleitet werden und durch Interludien miteinander verbunden sind. *Interludium* und *Fuga tertia* sind in „erweiterter Tonalität" geschrieben, d.h. sie verwenden den gesamten Zwölftonvorrat, beziehen sich jedoch auf ein tonales Zentrum (Grundton). Das Interludium steht „in b", die Fuge „in F". Beim *Klavierstück* wird empfohlen, dem rhythmischen Ablauf Achtelwerte zugrunde zu legen und das Metronom zu benutzen: Achtel = 60–64. Hindemith hat sich hier stärker von tonalen Bindungen frei gemacht und der Atonalität angenähert. Die anfängliche Grundtonart G scheint nur in den Takten 6 – 8 wiederzukehren und verliert sich schließlich, bis das Stück in cis endet.

Carl Orff, geb. 1895 in München, gest. 1982 ebenda, hat mit seinem „Schulwerk" und dem Orff-Instrumentarium der Musikerziehung (nicht nur in Deutschland) neue Impulse gegeben. Von 1950 bis zu seiner Emeritierung leitete er eine Meisterklasse für Komposition an der Münchener Musikhochschule. Orffs Stil ist von Debussy, Schönberg und Strawinsky beeinflusst, und obwohl er eigentlich kein Klavierkomponist war, hat er einige Stücke aus seinen berühmten „Carmina Burana" für Chor und Orchester (1936) in seiner *Klavierübung* (1934) vorweggenommen. Die drei Stücke sind leicht und unkompliziert, in tänzerischem Charakter geschrieben.

George Gershwin, geb. 1898 in New York, gest. 1937 in Los Angeles, schuf als einer der ersten eine Verbindung zwischen dem Jazz und der „klassischen" sinfonischen Musik. Seine Oper „Porgy and Bess" sowie sein Konzertstück „Rhapsody in Blue" werden weltweit aufgeführt. Ebenso erfolgreich in der Aufführungsstatistik sind seine Musicals, Filmmusiken, Revues und Lieder. In seinem berühmten *Prélude*, das auch für verschiedene Besetzungen orchestriert worden ist, muss die linke Hand häufig Dezimen greifen. Kleinere Hände können hier das Arpeggio anwenden.

Aaron Copland, geb. 1900 in Brooklyn bei New York, gilt als Begründer einer typisch amerikanischen Musik, die durch Jazzelemente geprägt ist. Sein Schaffen umfasst zwei Opern, Orchester- und Chorwerke, Film- und Kammermusik sowie viele Werke für Klavier. Er wurde mit zahlreichen amerikanischen Musikpreisen und Ehrendoktorwürden ausgezeichnet und hatte großen Einfluss auf die nachfolgende Komponistengeneration in den USA. 1990 starb er hochbetagt in North Tarrytown. Die *Sentimental Melody* ist zum Teil bitonal komponiert: Die rechte Hand bevorzugt die pentatonische Reihe auf „Des", die linke Hand begleitet auf der Basis des Grundakkords von F-Dur.

Joaquín Rodrigo, geb. 1901 in Sagunto (Spanien), war seit seinem 3. Lebensjahr blind und studierte ab 1927 bei Paul Dukas in Paris. 1939 übersiedelte er nach Madrid und wurde im selben Jahr mit seinem *Concierto de Aranjuez* weltberühmt. Er starb 1999 im hohen Alter von 97 Jahren in Madrid. Zu seinen Kompositionen zählen Opern und Ballette, Gitarren- und Klaviermusik sowie ein Klavierkonzert mit Orchester. *Rustica* ist zwar ein Tanz, muss aber sehr ruhig und liedhaft gespielt werden.

Aram Chatschaturjan, geb. 1903 in Tiflis, gest. 1978 in Moskau, war seit 1951 Professor für Komposition am Konservatorium in Moskau. Seine Werke lassen eine enge Beziehung zu den Liedern und Tänzen der armenischen und kaukasischen Folklore erkennen. Das gilt besonders für seine Klavierwerke. Im *Märchen von fernen Ländern* bestimmt der ⁶/₈-Tanzrhythmus das Werk, charakteristisch ist auch die chromatische Stimmführung der Melodik.

Mátyás Seiber, geb. 1905 in Budapest, gest. 1960 bei einem Autounfall in Südafrika, war von 1928–1935 Leiter einer Jazzklasse am Hoch'schen Konservatorium in Frankfurt/Main, wechselte dann als Komponist und freischaffender Musiker nach London. Seine Vorbilder waren Bartók und Kodály. Die *Variationen über ein baschkirisches Volkslied* sind eine nützliche Übung für die Unabhängigkeit beider Hände. Während eine Hand die im Staccato angelegte Melodie spielt, muss die jeweils andere Hand eine synkopisch geführte, teilweise chromatische Stimme dagegen halten.

Dmitrij Schostakowitsch, geb. 1906 in St. Petersburg, gest. 1975 in Moskau, hinterließ mit 15 Sinfonien, 30 Opern, Chorwerken, Schauspiel- und Filmmusiken, Balletten und Kammermusik ein reiches Schaffen. In seinem umfangreichen Klavierwerk nehmen die 24 Präludien und Fugen eine bedeutende Stellung ein als „Wohltemperiertes Klavier" des 20. Jahrhunderts (vergleichbar Hindemiths „Ludus tonalis"). Im *Praeludium* findet sich die schwierigste Stelle dort, wo die rechte Hand gleichzeitig Triller und Melodie spielt. Zum Ablauf der vier Takte findet der Spieler einen Vorschlag in der Fußnote.

Wolfgang Fortner, geb. 1907 in Leipzig, gest. 1987 in Heidelberg, war Professor für Komposition an den Hochschulen in Heidelberg, Detmold und Freiburg. Zu seinen Schülern gehörten H. W. Henze, M. Kelemen, G. Klebe, A. Reimann, W. Rihm und H. Zender. Fortner hinterließ eine Fülle von Kompositionen in fast allen instrumentalen und vokalen Bereichen. Die *Passacaglia* knüpft an die alte Ostinato-Form aus dem 16.–18. Jahrhundert an und ist streng durchgeführt, weil das viertaktige Thema, in dem alle 12 Töne enthalten sind, 16-mal nacheinander vorkommt. Damit verbindet Fortner ein Element der Dodekaphonie mit der tonal gebundenen Sprache des Neoklassizismus.

Kurt Hessenberg, geb. 1908 in Frankfurt/Main, gest. 1994 ebenda, studierte in Leipzig Komposition bei Günther Raphael und Klavier bei Robert Teichmüller. Ab 1933 lehrte er in Frankfurt am Hoch'schen Konservatorium, von 1953–1973 als Professor für Komposition an der Musikhochschule. 1951 erhielt er den Robert Schumann-Preis der Stadt Düsseldorf. Er komponierte vor allem geistliche Chormusik und Orgelmusik, aber auch Sinfonien, Solokonzerte, Kammermusik und Werke für Klavier zu 2 und 4 Händen. Sein *Praeludium*, einer Bach'schen Arie nachempfunden, entstand 1945 und ist für Clavichord (oder Klavier) geschrieben, also für das leiseste und intimste aller Tasteninstrumente. Damit ist dieses melancholische Stück ein Dokument introvertierter Nachdenklichkeit am Ende des 2. Weltkrieges.

Eduard Pütz, geb. 1911 in Illerich bei Koblenz, gest. 2000 in Bad Münstereifel, studierte an der Kölner Musikhochschule bei Heinrich Lemacher und Hermann Schroeder. Er war 1950–1965 Musiklehrer am Gymnasium in Rheinbach, 1965–1979 Dozent für Musiktheorie an der Rheinischen Musikschule in Köln. Eduard Pütz ging es um die Überwindung der Grenzen zwischen sogenannter „ernster" und „unterhaltender" Musik. Die *Ballade* ist der 2. Satz seiner „Jazzsonate" und entwickelt aus einem ruhigen Thema fünf Variationen, die wie eine Improvisation wirken.

Jean Françaix, geb. 1912 in Le Mans, gest. 1997 in Paris, war ein ausgezeichneter Pianist. Die zahlreichen Werke für Klavier zu 2 und zu 4 Händen sind meist mit programmatischen Überschriften versehen oder haben eine tänzerische Grundlage („Eloge de la danse"). *En cas de succès* ist ein brillantes Zugabestück. Die Metronomzahl 5 Achtel = 72 ist mit Sicherheit ein wenig zu schnell, die Anmerkung „senza Ped." sollte wichtig genommen werden. In den Akkorden der rechten Hand ist der oberste Ton Bestandteil einer Melodie und muss somit stärker gespielt werden als die anderen Akkordtöne.

Bernd Alois Zimmermann, geb. 1918 in Bliesheim, gest. 1970 in Königsdorf. Beide Orte liegen in der Nähe von Köln, wo der Komponist gewirkt hat und von 1957–1970 als Professor für Komposition an der Hochschule für Musik lehrte. In seinem kurzen Leben (52 Jahre) hat er ein reichhaltiges Werk geschaffen: eine Oper, zwei Kantaten, ein Requiem, Musik für Orchester und Kammermusik. Auch für das vierhändige Spiel an zwei Klavieren mit und ohne Orchester gibt es prägnante Beiträge. Die *Aria* aus dem Zyklus *Enchiridion* (griechisch für kleines Buch, Katechismus) beginnt mit einer einfachen kantablen Melodie, deren Umfang, vom anfänglichen Fünftonraum (d – a) ausgehend, allmählich ausgeweitet und dann wieder reduziert wird. Dadurch entsteht eine interessante Spannungskurve. Abwechslungsreiche Rhythmik (mit vielen Taktwechseln) und aparte freitonale Harmonik verleihen der Aria einen schwebenden Charakter.

György Ligeti, geb. 1923 im ungarischen Siebenbürgen, studierte an der Liszt-Akademie in Budapest, wo er seit 1950 als Lehrer für Musiktheorie arbeitete, bevor er 1956 nach Wien emigrierte und 1967 österreichischer Staatsbürger wurde. Als Gast arbeitete er im Studio für Elektronische Musik des WDR Köln, in Darmstadt, Stockholm und Kalifornien. Seit 1973 lebt er in Hamburg, wo er an der Musikhochschule als Professor für Komposition unterrichtete. Er erhielt zahlreiche internationale Kompositionspreise, darunter den Beethoven-Preis Bonn, den Hamburger Bach-Preis und den Ravel-Preis in Paris. Im Zyklus *Musica ricercata* verfolgt Ligeti einen interessanten Ansatz, indem er den einzelnen Sätzen eine bestimmte Zahl von Tönen zugrunde legt. So kommt z.B. das erste Stück mit einem Ton aus, das vierte Stück mit vier Tönen (b, a,g, fis), das sechste Stück verwendet sechs Töne (e, d, cis, h, a, fis).

Oscar Peterson, der weltberühmte Jazzpianist, wurde 1925 in Montreal geboren. Mit zahlreichen Schallplatten und in Konzerten auf den renommiertesten Jazz-Festivals der Welt zeigte er seine geniale pianistische Technik als Solist wie als Partner im Ensemble. Er hat sich auch für den Nachwuchs am Klavier engagiert, z.B. durch die beiden *Jazz Übungen* aus der mehrbändigen Sammlung „Jazz Piano for the Young Pianist".

Hans Werner Henze, geb. 1926 in Gütersloh, studierte nach der Entlassung aus englischer Gefangenschaft bei Wolfgang Fortner in Heidelberg sowie bei René Leibowitz in Paris. Vorübergehend war er Kapellmeister an den Theatern in Konstanz und Wiesbaden. Seit 1953 lebt er als freischaffender Komponist in Italien. Er lehrte Komposition in Salzburg und Köln. Die *Ballade* ist typisch für Henzes expressiven Stil, der durch kantables Melos und sensible Klanglichkeit gekennzeichnet wird und harmonisch den ganzen Tonraum ausschöpft (bereits der erste Takt enthält alle 12 Töne).

Wilhelm Killmayer, geb. 1927 in München, studierte Komposition bei Carl Orff an der Münchener Musikhochschule, wo er 1973–1991 als Professor für Komposition wirkte. Das *Nocturne III* ist John Field gewidmet, jenem irischen Komponisten der Romantik, der als erster Nocturnes komponierte und damit Chopin zu seinen berühmten Nocturnes anregte.

Toru Takemitsu, geb. 1930 in Tokio, gest. 1996 ebenda, hat sehr individuell komponiert, ohne sich einer Richtung anzuschließen. Sein Klavierschaffen ist sehr umfangreich und zeichnet sich durch sensiblen Klangsinn aus, Farbe und Strukturen erscheinen dabei oft im Rahmen improvisatorischer Formen. *Litany* entstand 1990 als Klage über den Tod seines Freundes Michael Vyner.

Toshi Ichiyanagi, geb. 1933 in Ashiya-Shi (Japan), war Schüler von K. Hirao und T. Ikenouchi und hielt sich 1952–1961 in den USA auf, wo John Cage und Aaron Copland sein Werk beeinflussten. Er schrieb zunächst elektronische und experimentelle Musik, später wandte er sich der Orchester-, Kammer- und Klaviermusik zu und komponierte auch für traditionelle japanische Instrumente. Sein Zyklus *Cloud Atlas* beschreibt die faszinierende Formenwelt der Wolken.

Georg Kröll, geb. 1934 in Linz am Rhein, studierte an der Musikhochschule Köln bei Frank Martin und Bernd Alois Zimmermann. Er wirkte 1964–1997 als Kompositionslehrer an der Rheinischen Musikschule in Köln. Das Klavierstück *Hommage à Messiaen* gehört zu einem „work in progress" mit der Bezeichnung „Tagebuch für Klavier", in welchem eine Grundreihe von Schönbergs „Suite für Klavier" op. 25 angewendet und auf vielfache Weise verarbeitet wird.

Helmut Lachenmann wurde 1935 in Stuttgart geboren und studierte an der dortigen Musikhochschule Klavier und Komposition (bei Johann Nepomuk David), bevor er für zwei Jahre als Schüler von Luigi Nono in Venedig lebte. 1970–1976 arbeitete er als Professor in Ludwigsburg, seit 1976 an der Musikhochschule in Hannover. Kompositionspreise gewann er in München, Stuttgart und Hamburg. In seinem Klavierzyklus „Ein Kinderspiel" verfolgt er pädagogische Intentionen. Das Stück *Falscher Chinese* verwendet unkonventionelle, klangverfremdende Mittel und spielt auf perkussive Weise mit schwarzen und weißen Tasten. Das vom Komponisten durch seine Metronomangabe Viertel = 84 geforderte Zeitmaß ist sehr schnell und kann erst allmählich erreicht werden.

Chick Corea, geb. 1941 in Chelsea (USA), gehört zu den bekanntesten Jazzpianisten. Er begann 1970 als Vertreter des Free Jazz, improvisierte und komponierte aber später auch im harmonisch gebundenen Stil. Seine *Children's Songs* gehören zu den wichtigsten Jazzkompositionen für Klavier und arbeiten mit ostinaten Begleitfiguren. Sie sind durchweg leicht spielbar und daher besonders geeignet, um schon Kinder mit den Elementen des Jazz vertraut zu machen.

Susanne Erding, geb. 1955 in Schwäbisch Hall, studierte zunächst Schulmusik und Anglistik, später Komposition in Stuttgart bei Milko Kelemen. Sie schrieb Orchesterwerke, Kammermusik und Lieder. Ihre Komposition *Chillan* (Chillan ist eine Stadt in Chile) erschien 1985 im Sammelband „Frauen komponieren" (Schott ED 7197).

Mike Schoenmehl, geb. 1957 in Mainz, studierte Schulmusik an der dortigen Universität und machte sich einen Namen als Jazzpianist und Arrangeur. Er unterrichtet heute Jazz und Klavier an der Musikhochschule in Frankfurt. Schwerpunkt seines kompositorischen Schaffens sind pädagogische Stücke, die in die Stilistik der Jazz- und Popmusik einführen möchten. Das humorvolle Stück *Die kaputte Schallplatte* stammt aus dem bekannten Zyklus „Little Stories in Jazz". Wie bei einer defekten Schallplatte wird die Musik ständig in ihrem regulären Ablauf gestört, zahlreiche Taktwechsel und Pausen unterbrechen den „walking bass" der linken Hand, bis schließlich die Komposition mit einem Glissando ganz zum Stillstand kommt.

Mark-Anthony Turnage, geb. 1960 in Essex, studierte Komposition am Royal College of Music in London, ab 1983 im Rahmen eines Mendelssohn-Stipendiums bei Gunther Schuller und Hans Werner Henze. Er schrieb Opern, Orchesterwerke, Chor- und Kammermusik. Das lyrische Klavierstück *Tune for Toru* entstand 1996 zur Erinnerung an den japanischen Komponisten Toru Takemitsu.

Moritz Eggert, geb. 1965 in Heidelberg, studierte 1986–1992 an der Münchener Musikhochschule Klavier und Komposition bei Wilhelm Killmayer und Hans-Jürgen von Bose. Für sein Wirken als Komponist und Interpret neuer Musik erhielt er zahlreiche Preise und war 1996/97 Stipendiat der Villa Massimo in Rom. Der Klavierzyklus *Hämmerklavier* wurde 1995 vollendet und enthält als Teil IV *Zwei Miniaturen* für Hans Werner Henze (Schott ED 8622). Die beiden Stücke (*Omaggio/ Silberberg-Variationen*) entstanden 1993/94 und wurden für den vorliegenden Sammelband als Beispiel für die Musik der jüngeren Komponistengeneration ausgewählt.

About the pieces

Leoš Janáček was born in 1854 in Hukvaldy/Moravia (Czech Republic) as the ninth child of a schoolteacher and organist. He studied in Prague, Leipzig, and Vienna. After he had already written numerous stage works, symphonies, chamber music, choral works, art songs, and piano compositions, it was the revival of his opera *Jenufa* in Vienna (1918) that brought him worldwide fame late in life. Janáček was active as a conductor, as the editor of a musical journal, and as composition teacher at the Conservatory in Brno. He died in 1928 in Moravska Ostrava. Many of his works are based on the speech melody of northern Moravian folk music. In the piano piece *Unsere Abende (Our Evenings)*, which the composer wrote entirely in 1/4 time, the contemplative and peaceful atmosphere of the evening hours finds expression.

Claude Debussy (*b* St-Germain-en-Laye, 1862; *d* Paris, 1918) is considered the founder and consummate master of musical Impressionism. This is especially to be seen in his extensive piano *oeuvre*. In 1910, two volumes of 12 preludes each were published, in which the descriptive titles are printed not as headings, but as footnotes at the end of the respective piece. The ambiguous word *Voiles* can be translated as "sail," "veil," or "curtain." This impressionistic piece lives from the sensitivity of the timbre, melody, and harmony (the whole-tone scale in thirds at the beginning).

Erik Satie (*b* Honfleur, Normandy, 1866; *d* Paris, 1925) wrote witty piano works that consciously stand apart from the established Romantic piano style, and that dispense with emotional expression or ironically parody it. Striking are the eccentric titles and headings like *Flabby Preludes for a Dog, Piano Pieces in the Form of a Pear,* or *Bureaucratic Sonatina*. Satie was friends with Debussy, Cocteau, and Picasso, and, together with Honegger, Milhaud, and Poulenc, belonged to the progressive "Groupe des Six." The basis of many of his compositions are small stories that are printed as texts between the staves of the music and that fire the listener's imagination. *Severe Reprimand* consists of two elements: the quick notes in the right hand symbolize a running dog, and the long note values in the left hand, his owner's loud shouts.

Scott Joplin (*b* Texarkana, Texas, 1868; *d* New York, 1917) was a forerunner and one of the fathers of jazz in America. He made a name for himself as a pianist and composer. Ragtime (from "ragged time") is a rhythmical music with many syncopations, and represents an early example of the artistic independence of African American musicians. Joplin's numerous tempo marks (not fast; very slow; slow march time) emphasize the fact that Ragtime should not be played too fast. The *Wall Street Rag* is a programmatic, humorous piece in which the initial melancholy mood of the stockbrokers is gradually overcome.

Alexander Skrjabin (*b* Moscow, 1872; *d* Moscow, 1915, at the age of 43) studied at the Moscow Conservatory, and later taught a piano studio there for five years. He undertook many concert tours through Europe and the

U.S.A. during the course of his career. Skrjabin left Russia in 1904, but returned to Moscow in 1910. His compositions for piano are numerous and display many different forms: of 74 opus numbers, 68 are for piano. The two Preludes presented here contrast greatly in terms of tempo and expression. The first is written in 5/8 time; the performance directions *vague* and *mysterieux* could be translated as "indefinite" and "mysterious," *déchirant* as "lamenting" or "heartrending." Smaller hands can easily arpeggiate the ninths and tenths in the left hand. The second Prelude requires a longer period of practicing each hand separately, whereby the use of a metronome is recommended.

Max Reger (*b* Brand im Fichtelgebirge, Bavaria, 1873; *d* Leipzig, 1916) only lived to the age of 43. Reger nevertheless wrote a large number of compositions: for orchestra, chamber music ensembles, voice, choir, and especially for organ and piano. *Albumblatt* (Album Leaf) is taken from a collection of 12 piano pieces that Reger composed in 1902 and published in 1910 under the title *Blätter und Blüten (Leaves and Blossoms).* Reger assigned the melody to both hands (in octaves), with the right hand also supplying the rhythmic and harmonic accompaniment.

Arnold Schoenberg (*b* Vienna, 1874) represents, together with his pupils Alban Berg and Anton Webern, the so-called Second Viennese School, whose characteristic feature is the use of twelve-tone musical material. Between 1915 and 1917 Schoenberg served as a German soldier in World War I. In 1925 he was appointed Professor of Composition at the Berlin College of Music. In 1933 he emigrated to the U.S.A. He was active there as a composition teacher in Boston and Los Angeles until he died, meanwhile an American citizen, in 1951. Only a small fraction of Schoenberg's complete works is devoted to piano music. The *Sechs kleinen Klavierstücke (Six Little Pieces for Piano)* are masterly formed miniatures, and especially suitable for getting *ears* and *hands* accustomed to atonal contexts. The dynamics, ranging between the extremes of *ppp* and *ff*, play an important role.

Béla Bartók, born in 1881 in southern Hungary, was a phenomenal pianist and a passionate collector of Hungarian, Slovakian, Romanian, and Arabian folklore. After great successes as a composer and pianist, he emigrated in 1940 to the U.S.A., where he died in 1945 in New York. With his six-volume cycle *Mikrokosmos* he created an indispensable compilation for modern piano teaching. Significant are also his operas, orchestral and choral works, chamber music, and songs. In the piece *Syncopation*, the right pedal should only be used where stipulated by Bartók. *Abend auf dem Lande (Evening in the Country)* lives from the opposites "lento rubato" and "Vivo non rubato." In the slow section, the use of the pedal is appropriate where the harmonies change, but not in the Vivo, except where indicated by Bartók.

Joaquín Turina (*b* Seville, 1882) was a pupil of Moritz Moszkowski and Vincent d'Indy in Paris. However, from 1914 he lived primarily in Madrid, where he died in 1949. His piano works, but also his chamber and orches-
tral music are largely informed by folkloristic influences from Andalusia, which are treated with the harmonic and tonal devices of French Impressionism. *Fiesta* is a quick dance in a style typical of Andalusian folklore. One has to imagine dancing couples in festive costumes and with proud, disciplined movements.

Ernst Toch (*b* Vienna, 1887; *d* Los Angeles, 1964) wrote 7 symphonies and numerous chamber music and piano works. He initially studied medicine and philosophy. In 1934 he emigrated to America, where in 1936 he was appointed teacher of composition and piano at the University of Southern California in Los Angeles. *Der Jongleur (The Juggler)*, his most well known piano piece, must be played very fast, corresponding to the movements of a circus artist. The staccato should always be pointed and crisp; use the pedal only where demanded by the composer! Stay relaxed even when playing "molto vivo."

Bohuslav Martinů, born in 1890 in the Moravian town of Polička, was initially a violinist in the Czech Philharmonic in Prague and a composition pupil of Josef Suk. In 1923 he went to Paris where he took lessons from Albert Roussel. When German troops invaded France in 1940, Martinů fled to the U.S.A. Besides folkloristic dances like the dumka, gopak, polka, habanera, and tango, his extensive piano *oeuvre* also contains jazz-influenced pieces such as the blues, Charleston, and fox trot, as well as four piano concertos. Martinů died in 1959 as an American citizen in Liestal near Basel, Switzerland. When the piece *Par T.S.F.* (Télégraphie sans fils, i.e., "telegraphy without wire") was composed in 1926, wireless telegraphy still involved clicking out Morse code. Martinů had the idea of making this clicking the basis of a piano piece, since of all the instruments, the piano was the most suitable for its musical realization.

Jacques Ibert (*b* Paris, 1890; *d* Paris, 1962) composed stage works as well as symphonic music, concertos, and chamber music. Programmatic titles predominate in his piano music. From 1937 to 1960 he was director of the Académie de France at the Villa Medici in Rome and simultaneously administrator of the Parisian opera houses in 1955-56. When Ibert composed the piece *La machine à coudre (The Sewing Machine)* in 1944, many families still owned sewing machines that were powered by foot treadles.

Frank Martin, born in Geneva, Switzerland, in 1890, founded a chamber music society there in 1926, in which he was active as pianist and harpsichordist until 1937. From 1928-1938 he taught composition in Geneva, from 1950-1957 at the Cologne College of Music. His works were at first influenced by late Romanticism and, after 1930, thanks to Schönberg, by twelve-tone music. He died in 1974 at Naarden in northern Holland. In the *Prélude*, the left hand keeps the piece rhythmically and harmonically in flowing motion (tranquillo ma con moto). The right hand plays an economical, recitative-like cantabile that is carried by the undulatory motion of the left hand. On the second page, there is for a short time a great dynamic intensification that however again dies away (perdendosi), disappearing into the depths.

Sergej Prokofjew (*b* Sontsovka, Ukraine, 1891; *d* Moscow, 1953) can be considered one of the most prolific composers of the twentieth century. Besides symphonic music, concertos, and stage works, there exists a wealth of chamber music and piano works from his pen. He concertized in Russia, Germany, England, France, Japan, and the U.S.A.; his reputation as a piano virtuoso was just as great as that as a composer. In *Visions fugitives (Fleeting Visions),* No. 1 *Langsam* (Slow) is to be played "with simple expression," always *pp* and even softer. In the second piece, *Ridicolosamente* ("humorous/witty"), the left hand plays strictly in time, always *piano.* The right hand interjects merry springs and occasional "cries" into the strict rhythmic flow.

Lili Boulanger (*b* Paris, 1893) was the sister of Nadia Boulanger, the internationally esteemed piano and composition teacher. Lili studied with Nadia, who was six years her senior, when Nadia was still an assistant at the Paris Conservatoire. Lili died in 1918 at Mézy (Seine-et-Oise). *D'un vieux jardin (From an old Garden)* begins in C-sharp Minor, but contains harmonic developments that lead far from the tonic, to which the piece however returns again at the end. The independence of the melody and the harmonic originality awaken deep admiration in view of the fact that the highly-talented composer died already at the age of 25.

Paul Hindemith (*b* Hanau, 1895; *d* Frankfurt am Main, 1963) was appointed composition teacher at the Berlin College of Music in 1927. For political reasons he left Germany in 1935, living for a time in Switzerland and the U.S.A.; in 1940 he settled permanently in the U.S.A. and became an American citizen. Hindemith was a violinist and violist, but did not neglect the piano in his extensive *oeuvre.* Important are the three piano sonatas and the *Ludus tonalis,* which following the model of Bach's *Well-Tempered Clavier* contains 12 fugues that are prefaced by a prelude and joined together by interludes. *Interludium* and *Fuga tertia* are written in an "expanded tonality," i.e., they employ the complete supply of 12 tones, yet relate to a tonal center (main key). The interlude is "in b-flat," the fugue "in F." In the *Klavierstück (Piano Piece),* it is recommended to count in eighth notes and to use a metronome: eighth = 60-64. Here Hindemith freed himself even more from tonal bonds and approached atonality. The initial G tonality seems to return only in measures 6 - 8 and ultimately disappears, with the piece ending in c-sharp.

Carl Orff (*b* Munich, 1895; *d* Munich, 1982) provided new impulses in the area of music education (not only in Germany) with his "Schulwerk" ("teaching method") and the Orff instruments. From 1950 until his retirement he taught a master class for composition at the Munich College of Music. Orff's style is influenced by Debussy, Schönberg, and Stravinsky. Although he was really not a piano composer, several pieces from his famous *Carmina Burana* for chorus and orchestra (1936) were anticipated in his *Klavierübung (Piano Exercises,* 1934). The present three pieces are easy and uncomplicated, and have a dance-like character.

George Gershwin (*b* New York, 1989; *d* Los Angeles, 1937) was one of the first to create a connection between jazz and "classical" symphonic music. His opera *Porgy and Bess* as well as his concert piece *Rhapsody in Blue* are performed throughout the world. Just as successful in the performance statistics are his musicals, film scores, revues, and songs. In his famous *Prélude,* which has also been orchestrated for various formations, the left hand must frequently play tenths. Smaller hands can make an arpeggio here.

Aaron Copland (*b* Brooklyn, 1900) is considered the father of a classical American music informed by jazz elements. His *oeuvre* encompasses two operas, orchestral and choral works, film scores, and chamber music as well as many works for piano. He was awarded numerous American music prizes and honorary doctorates, and had a great influence on the following generation of composers in the U.S.A. He died at an advanced age in North Tarrytown, New York, in 1990. The *Sentimental Melody* is to a certain extent bitonal in character: The right hand gives preferential treatment to the pentatonic series on D-flat, while the left hand accompaniment is based on the tonic F-major chord.

Joaquín Rodrigo, born in 1901 in Sagunto, Spain, was blind from the age of three. From 1927 he studied with Paul Dukas in Paris. In 1939 he settled in Madrid, and achieved world renown that same year with his *Concierto de Aranjuez.* He died in 1999 at the age of 97 in Madrid. His compositions include operas and ballets, guitar and piano music, as well as a piano concerto with orchestra. *Rustica* is indeed a dance, but must be played very calmly and song-like.

Aram Chatschaturjan (*b* Tbilisi, 1903; *d* Moscow, 1978) was Professor of Composition at the Moscow Conservatory from 1951. His works display a close connection to the songs and dances of Armenian and Caucasian folklore. This is especially true of his piano works. In the *Fairy Tales from Distant Lands,* the 6/8 dance rhythm sets the mood of the work. Also characteristic is the chromatic voice leading of the melody.

Mátyás Seiber (*b* Budapest, 1905; *d* South Africa, 1960, as a result of an automobile accident) taught a jazz class at Hoch's Conservatory in Frankfurt am Main from 1928-1935, then went to London where he was active as a composer and freelance musician. His models were Bartók and Kodály. The *Variations on a Bashkirian Folk Song* are a useful exercise for the independence of the hands. While the one hand plays the staccato melody, the other has to negotiate a syncopated, at times chromatic voice, and vice-versa.

Dmitri Schostakowitsch (*b* St. Petersburg, 1906; *d* Moscow, 1975) left behind an abundant collection of works including 15 symphonies, 30 operas, choral works, incidental music for the stage, film music, ballets, and chamber music. Within his extensive piano *oeuvre,* the 24 Preludes and Fugues occupy an important position as a twentieth-century "Well-Tempered Clavier" (comparable to Hindemith's *Ludus tonalis*). In the *Praeludium,* the most difficult passage is where the right hand simultaneously plays trills as well as the melody.

The player can find a suggestion concerning the performance of these four measures in the footnote.

Wolfgang Fortner (*b* Leipzig, 1908; *d* Heidelberg, 1987) was Professor of Composition at the Heidelberg, Detmold, and Freiburg Colleges of Music. Among his pupils were H. W. Henze, M. Kelemen, G. Klebe, A. Reimann, W. Rihm, and H. Zender. Fortner left behind a wealth of compositions in almost all instrumental and vocal genres. The *Passacaglia* goes back to the old form from the sixteenth-eighteenth centuries. It is strictly realized with the four-measure theme, which contains all 12 tones, appearing 16 times in succession. In this manner, Fortner combines an element of dodecaphony with the tonally fixed language of neoclassicism.

Kurt Hessenberg (*b* Frankfurt am Main, 1908; *d* Frankfurt am Main, 1994) studied composition in Leipzig with Günther Raphael and piano with Robert Teichmüller. From 1933 he taught at Hoch's Conservatory, and from 1953 to 1973 as Professor of Composition at the Frankfurt College of Music. In 1951 he received the Robert Schumann Prize of the City of Düsseldorf. He above all composed sacred choral music and music for organ, but also symphonies, solo concertos, chamber music, and works for piano for two and four hands. His *Praeludium,* composed in the style of a Bach aria, was written in 1945 and is for clavichord (or piano), the softest and most intimate of all keyboard instruments. This melancholy piece is thus a document of introverted reflection at the end of the Second World War.

Eduard Pütz (*b* Illerich near Koblenz, 1911; *d* Bad Münstereifel, 2000) studied at the Cologne College of Music with Heinrich Lemacher and Hermann Schroeder. He was a high school music teacher at Rheinbach from 1950-1965, and instructor of music theory at the Rhenish Music School in Cologne from 1965-1979. Eduard Pütz was interested in overcoming the barriers between so-called "serious" music and "popular" music. The *Ballad* is the second movement of his *Jazz Sonata.* It develops five variations, which give the impression of an improvisation, from a peaceful theme.

Jean Françaix (*b* Le Mans, 1912; *d* Paris, 1997) was an excellent pianist. The many works for piano for two and for four hands are usually provided with programmatic titles or are based on dances (*Eloge de la danse*). *En cas de succès (A Case of Success)* is a brilliant encore piece. The metronome mark 5 eighths = 72 is certainly a bit too fast; the direction "senza Ped." should be taken seriously. In the chords in the right hand, the highest tone is part of a melody, and must therefore be played louder than the other notes of the chord.

Bernd Alois Zimmermann was born at Bliesheim in 1918 and died at Königsdorf in 1970. Both these places are in the vicinity of Cologne, the city in which the composer was active, including as Professor of Composition at the College of Music from 1957-1970. In his short life he created a extensive *oeuvre:* one opera, two cantatas, a requiem, music for orchestra, and chamber music. There are also significant contributions for four-handed playing on two pianos with and without orchestra. The

Aria from the cycle *Enchiridion* (Greek for small book, catechism) begins with a simple, cantabile melody whose compass, starting from the initial five-tone ambitus (d - a), gradually grows and is then reduced again. This results in an interesting arch-like flow of energy. Varied rhythms (with many changes of meter) and unusual, free-tonal harmonies lend the *Aria* a floating character.

György Ligeti, born in 1923 in Transylvania, studied at the Liszt Academy in Budapest, where from 1950 he worked as a music theory teacher, before emigrating to Vienna in 1956; he became an Austrian citizen in 1967. He has worked as a guest in the Studio for Electronic Music of the West German Radio, Cologne, in Darmstadt, Stockholm, and California. Since 1973 he has lived in Hamburg, where he taught at the College of Music as Professor of Composition. He has received numerous international composition prizes, including the Beethoven Prize Bonn, the Hamburg Bach Prize, and the Ravel Prize in Paris. In the cycle *Musica ricercata,* Ligeti develops an interesting idea in that he bases the individual movements on a certain number of tones. Thus the first piece, for example, makes do with just one tone, the fourth piece with four tones (b-flat, a, g, f-sharp) the sixth piece employs six tones (e, d, c-sharp, b, a, f-sharp).

Oscar Peterson, the world-famous jazz pianist, was born in Montreal in 1925. With numerous records and concerts at the world's most prestigious jazz festivals, he has demonstrated his brilliant pianistic technique both as a soloist as well as in ensemble. Through worldwide acclaimed publications he has also shown his commitment to the upcoming generation of pianists, for example, with the two *Jazz Exercises* from the multi-volume collection *Jazz Piano for the Young Artist.*

Hans Werner Henze (*b* Gütersloh, 1926) studied, after being released from an English prisoner-of-war camp, with Wolfgang Fortner in Heidelberg and René Leibowitz in Paris. For a short time, he was a conductor at the theaters in Konstanz and Wiesbaden. Since 1953 he has lived as a freelance composer in Italy. He taught composition in Salzburg and Cologne. The *Ballade* is typical of Henze's expressive style, which is marked by cantabile melody and sensitive sonority, and exploits the entire tonal space (the first measure already contains all 12 tones).

Wilhelm Killmeyer (*b* Munich, 1927) studied composition with Carl Orff at the Munich College of Music, where he himself was active as Professor of Composition from 1971-1991. *Nocturne III* is dedicated to John Field, the Irish composer of the Romantic era who was the first to compose nocturnes and thus inspire Chopin to his famous *Nocturnes.*

Toru Takemitsu (*b* Tokyo, 1930; *d* Tokyo, 1996) composed in a very personal manner, without joining any particular school. His work for piano is very extensive and distinguished by a sensitive sense of tone color and tonal resource. Timbres and structures often appear within the framework of improvisatory forms. *Litany* was written in 1990 as a lament on the death of his friend Michael Vyner.

Toshi Ichiyanagi, born in 1933 at Ashiya-Shi, Japan, was a pupil of K. Hirao and T. Ikenouchi. Between 1952-1961, he lived in the U.S.A. where his work was influenced by John Cage and Aaron Copland. He at first wrote electronic and experimental music, later turning to orchestral, chamber, and piano music, and also composed for traditional Japanese instruments. His cycle *Cloud Atlas* depicts the fascinating world of forms of the clouds.

Georg Kröll, born at Linz am Rhein in 1934, studied at the Cologne College of Music with Frank Martin and Bernd Alois Zimmermann. He was active from 1964-1997 as a composition teacher at the Rhenish Music School, Cologne. The piano piece *Hommage à Messiaen* belongs to a "work-in-progress" with the title *Tagebuch für Klavier (Dairy for Piano)* in which a basic row from Schönberg's *Suite for Piano,* op. 25, is employed and treated in various ways.

Helmut Lachenmann was born in 1935 in Stuttgart. He studied piano and composition at the College of Music there (with Johann Nepomuk David) before going to Venice for two years as a pupil of Luigi Nono. From 1970-1976 he worked as Professor in Ludwigsburg, since 1976 at the Hanover College of Music. He won composition prizes in Munich, Stuttgart, and Hamburg. In his piano cycle *Ein Kinderspiel (A Children's Game)* he pursues pedagogical intentions. The piece *Falscher Chinese (False Chinese)* employs unconventional devices that distort the sound, and plays percussively with the black and white keys. The tempo demanded by the composer with the metronome mark quarter = 84 is very fast and can be attained gradually.

Chick Corea, born in 1941 at Chelsea, Massachusetts, numbers among the most famous jazz pianists. He began in 1970 as a representative of free jazz, but later also delved into the harmonically fixed style. His *Children's Songs* are among the most important jazz compositions for piano, and work with ostinato accompaniment figures. They are easy to play throughout, and therefore useful for acquainting children with the elements of jazz.

Susanne Erding (*b* Schwäbisch Hall, 1955) initially studied music education and English, later composition with Milko Kelemann in Stuttgart. She has written orchestral works, chamber music, and songs. Her composition *Chillan* (Chillan is a city in Chile) was published in 1985 in the collection *Frauen komponieren* (Schott ED 7197).

Mike Schoenmehl (*b* Mainz, 1957) studied music education at the University of Mainz, and made a name for himself as a jazz pianist and arranger. He currently teaches jazz and piano at the Frankfurt College of Music. Pedagogical pieces, which introduce the style of jazz and pop music, form the main area of his compositional work. The humorous piece *Die kaputte Schallplatte (The Broken Record)* is from the well-known cycle *Little Stories in Jazz*. Like on a scratched record, the regular flow of the music is repeatedly disturbed. Numerous meter changes and pauses interrupt the "walking bass" in the left hand until the composition comes to a complete stop after a glissando.

Mark Anthony Turnage (*b* Essex, 1960) studied composition at the Royal College of Music in London, and from 1983, on a Mendelssohn Scholarship, with Gunther Schuller and Hans Werner Henze. He has written operas, orchestral works, choral and chamber music. The lyrical piano piece *Tune for Toru* was composed in 1996 in memory of the Japanese composer Toru Takemitsu.

Moritz Eggert (*b* Heidelberg, 1965) studied piano and composition with Wilhelm Killmayer and Hans-Jürgen von Bose at the Munich College of Music from 1986-1992. For his activities as a composer and performer of modern music, he has received numerous prizes, and was a scholarship holder at Villa Massimo, Rome, in 1996-97. The piano cycle *Hämmerklavier* was completed in 1995. As its fourth part, it contains *Two Miniatures* for Hans Werner Henze (Schott ED 8622). These pieces (*Omaggio, Silbergberg-Variationen*) written in 1993/94, were selected for the present collection as an example of the music of the young generation of composers.

A propos des œuvres

Leoš Janáček, né en 1854 à Hukvaldy en Moravie (République Tchèque), neuvième enfant d'un instituteur et organiste, fit ses études à Prague, Leipzig et Vienne. Ce n'est que la reprise de son opéra *Jenufa* à Vienne (1918) qui le rendit célèbre, tardivement, dans le monde entier, alors qu'il avait déjà écrit de nombreuses œuvres scéniques, des symphonies, de la musique de chambre et des chœurs, ainsi que des lieder et des compositions pour piano. Janáček fut chef d'orchestre, éditeur d'une revue musicale ainsi que directeur et professeur de composition au Conservatoire de Brno. Il mourut en 1928 à Ostrava, Moravie. Un grand nombre de ses œuvres reposent sur la mélodie du langage parlé des chants populaires de la Moravie du Nord. Le morceau pour piano *Nos soirées*, écrit en mesure à un temps, exprime musicalement l'atmosphère méditative et le calme des heures vespérales.

Claude Debussy, né en 1862 à Saint-Germain-en-Laye, mort à Paris en 1918, est considéré comme le fondateur et l'accomplisseur de l'impressionnisme musical, comme en témoignent en particulier ses nombreuses œuvres pour piano. En 1910, il publie deux volumes de 12 préludes chacun, dont les titres de caractérisation ne sont pas notés en tête de l'œuvre, mais sous forme de note de bas de page à la fin de chaque morceau. Le mot *Voiles* peut renvoyer à des voiles de bateau, à un tulle ou encore à un rideau. Ce morceau impressionniste vit de la sensibilité de la sonorité, de la mélodie et de l'harmonie (gammes par tons entiers dans les tierces du début).

Erik Satie, né en 1866 à Honfleur, Normandie, mort à Paris en 1925, écrivit des œuvres pour piano originales, qui, se distançant consciemment de la musique pour piano romantique établie, renoncent à des modes d'expression pathétiques ou leur impriment ironiquement un caractère artificiel. Sont particulièrement frappants des titres excentriques tels que *Préludes flasques pour un chien*, *Trois morceaux en forme de poire (pour piano)*, ou *Sonatine bureaucratique*. Satie était lié d'amitié avec Debussy, Cocteau et Picasso, et faisait partie, avec Honegger, Milhaud et Poulenc, du progressif Groupe des six. Ses compositions reposent fréquemment sur des petites histoires, placées sous forme de texte entre les systèmes, et qui font appel à l'imagination de l'auditeur. La *Sévère réprimande* se compose de deux éléments: les mouvements rapides de la main droite symbolisent la course d'un chien, les valeurs de notes longues de la main gauche les cris de son maître.

Scott Joplin, né en 1868 à Texarkana, mort en 1917 à New York, fut le précurseur et cofondateur du jazz en Amérique. Il se fit une réputation en tant que pianiste et compositeur. Le ragtime (de «ragged time» = temps déchiré) est une musique rythmique, comportant de nombreuses syncopes, témoignage précoce de l'autonomie artistique des musiciens de couleur. De nombreuses notations de tempo de Joplin lui-même («not fast»; «very slow»; «slow march time») soulignent bien que le ragtime ne doit pas être joué trop vite. Le *Wall Street Rag* est un morceau programmatique, humoristique, au cours duquel l'humeur au début mélancolique des agents de change est surmontée peu à peu.

Alexandre Scriabine, né en 1872 à Moscou, où il mourut en 1915 à l'âge de 43 ans, fit ses études au Conservatoire de Moscou, où il dirigea plus tard pendant cinq ans une classe de piano. Durant toute sa vie, il entreprit de nombreuses tournées de concert en Europe et aux USA. Il vécut à partir de 1904 à l'étranger, avant de revenir à Moscou en 1910. Ses compositions pour piano sont nombreuses et variées, 68 des 74 numéros d'opus sont écrits pour le piano. Les deux *Préludes* sont très différents tant au niveau du rythme que de l'expression; le premier est noté en mesure à 5/8, et comporte les mentions «vague» et «mystérieux», ainsi que «déchirant». Les neuvièmes et dixièmes de la main gauche peuvent être facilement arpégées par les petites mains. Le second *Prélude* exige une étude individuelle plus longue des deux mains, et il est recommandé d'utiliser un métronome à titre de contrôle.

Max Reger, né en 1873 à Brand, dans le massif du Fichtelgebirge (Bavière), mort en 1916 à Leipzig, n'a atteint qu'un âge de 43 ans. Malgré cette vie brève, Reger a écrit un grand nombre de compositions, pour orchestre, musique de chambre, chant, chœur, ainsi que, en particulier, pour orgue et piano. Le morceau *Feuille d'album* est extrait d'un recueil de 12 morceaux pour piano composés en 1902 par Reger et publiés en 1910 sous le titre *Feuilles et fleurs*. Reger répartit la mélodie sur les deux mains (à l'unisson avec écart d'une octave), la main droite complétant l'accompagnement rythmique et harmonique.

Arnold Schoenberg, né en 1874 à Vienne, représente, avec ses élèves Alban Berg et Anton Webern, ce que l'on appelle la deuxième Ecole de Vienne, caractérisée par l'utilisation de matériel musical dodécaphonique. De 1915 à 1917, pendant la Première Guerre mondiale, Schoenberg servit en tant que soldat allemand. En 1925, il devint Professeur de composition à l'Ecole supérieure de musique de Berlin. Il émigra en 1933 aux USA, où il travailla à Boston et Los Angeles en tant que professeur de composition, et prit la nationalité américaine. Il mourut en 1951. Dans l'ensemble de l'œuvre de Schoenberg, la musique pour piano ne prend qu'une place réduite. Les *Six petites pièces pour piano* sont des miniatures admirablement bien composées, et tout particulièrement adaptées à habituer *Oreilles* et *Doigts* aux relations atonales. La dynamique, entre les extrêmes *ppp* et *ff*, joue un rôle important.

Béla Bartók, né en 1881 dans le sud de la Hongrie, était un pianiste extraordinaire, et un collectionneur passionné de folklore hongrois, slovaque, roumain et arabe. Après de grands succès en tant que compositeur et pianiste, il émigra en 1940 aux USA, où il mourut à New York en 1945. Avec son cycle en six volumes, *Microcosme*, il a créé une œuvre indispensable pour l'enseignement moderne du piano. Mais il convient de ne pas négliger non plus ses opéras, ses œuvres pour orchestre et pour chœur, sa musique de chambre et ses lieder. Dans le morceau *Syncopation*, la pédale de droite ne devra être utilisée que là où Bartók le prescrit. *Soir à la campagne* vit des opposés „lento rubato" et „vivo non rubato". Dans la partie lente, le jeu de la pédale est souhaitable lors du changement harmonique, mais non au „Vivo", sauf aux endroits où Bartók l'a mentionné.

Joaquín Turina, né en 1882 à Séville, fut l'élève de Moritz Moszkowski et de Vincent d'Indy à Paris, mais vécut à partir de 1914 principalement à Madrid, où il mourut en 1949. Ses œuvres pour piano, mais aussi sa musique de chambre et pour orchestre, sont principalement empreintes de l'influence du folklore andalou, traitée avec les instruments d'harmonique et de tonalité des impressionnistes français. *Fiesta* est une danse rapide typique, rappelant le folklore andalou. Il faut s'imaginer des couples de danseurs habillés de leurs costumes de fête, aux mouvements fiers et disciplinés.

Ernst Toch, né en 1887 à Vienne, mort en 1964 à Los Angeles, écrivit sept symphonies, de nombreuses œuvres de musique de chambre ainsi que des œuvres pour piano. Il fit tout d'abord des études de médecine et de philosophie, puis émigra en 1934 en Amérique, où il devint professeur de composition et de piano à l'université de Californie du Sud à Los Angeles en 1936. *Le jongleur*, sa pièce pour piano la plus connue, doit être jouée très vite, pour correspondre aux mouvements d'un artiste de cirque, le staccato toujours pointu et sec, en n'utilisant la pédale que lorsque le compositeur l'exige. Le caractère technique détendu ne doit pas disparaître, même lorsque le jeu est „molto vivo".

Bohuslav Martinů, né en 1890 à Polička, en Moravie, fut d'abord violoniste de l'Orchestre philharmonique de Prague et élève de Josef Suk. En 1923, il se rendit à Paris où il prit des cours auprès d'Albert Roussel. Lorsque les troupes allemandes envahirent la France en 1940, il se réfugia aux USA. Son œuvre pour piano, importante, comporte, outre des danses folkloriques telles que dumka, gopak, polka, habanera et tango, des morceaux inspiré du jazz, tels que blues, charleston et fox-trot, ainsi que quatre concertos pour piano. Martinů, naturalisé américain, mourut en 1959 à Liestal, en Suisse. Lorsque le morceau *Par T.S.F.* fut composé en 1926, la télégraphie sans fil se résumait encore à la simple émission de l'alphabet morse. De tous les instruments, le piano étant le mieux adapté à rendre musicalement ce bruit caractéristique, Martinů eut l'idée d'en faire la base d'un morceau pour piano.

Jacques Ibert, né à Paris en 1890, où il mourut en 1962, composa des œuvres de scène ainsi que de la musique symphonique, des concertos et de la musique de chambre; sa musique pour piano est dominée par les titres programmatiques. Il fut Directeur de l'Académie de France à la Villa Medici à Rome de 1937 à 1960 et Directeur de l'Opéra de Paris en 1955-1956. Lorsque Ibert composa en 1944 le morceau *La machine à coudre*, beaucoup de familles possédaient encore une machine à coudre à pédale mécanique.

Frank Martin, né en 1890 à Genève, y fonda en 1926 une société de musique de chambre, où il fut pianiste et claveciniste jusqu'en 1937. De 1928 à 1938, il enseigna la composition à Genève, de 1950 à 1957 à l'Ecole supérieure de musique de Cologne. Ses œuvres, tout d'abord influencées par le post-romantisme, subirent à partir de 1930 l'influence de Schoenberg et de la musique dodécaphonique. Il mourut à Naarden (Hollande du Nord) en 1974. Dans le *Prélude*, la main gauche garde le morceau dans un mouvement rythmique et harmonique continu („tranquillo ma con moto"). La main droite joue une partie cantabile économique, rappelant un récitatif, portée par le mouvement ondulé de la main gauche. Il y a un temps une large montée dynamique à la deuxième page, mais qui se perd à nouveau („perdendosi") et disparaît dans les profondeurs.

Sergueï Prokofiev, né en 1891 en Ukraine, mort en 1953 à Moscou, peut être considéré comme l'un des compositeurs les plus féconds du 20ième siècle. Outre des œuvres symphoniques, des concertos et des musiques de scène, il existe de sa plume de nombreuses œuvres de musique de chambre et des œuvres pour piano. Il donna des concerts en Russie, en Allemagne, en Angleterre, en France, au Japon et aux USA; sa réputation de virtuose du piano était tout aussi grande que celle du compositeur. Dans les *Visions fugitives*, le n° 1 *Lentement* doit être joué «avec une expression simple», toujours *pp* ou plus doucement encore. A partir de la mesure 14, le morceau se répète, mais une voix intermédiaire chromatique vient s'y joindre. Dans le second morceau, *Ridicolosamente* (humoristique, amusant), la main gauche joue strictement à la mesure, toujours „piano". La main droite apporte dans ce déroulement strictement rythmique des sauts et parfois des sortes de «cris» amusants.

Lili Boulanger, né en 1893 à Paris, était la sœur de Nadia Boulanger, qui devint célèbre dans le monde entier en tant que professeur de piano et de composition. Lili fit ses études auprès de sa sœur – Nadia était son aînée de 6 ans – alors que celle-ci était encore assistante au Conservatoire de Paris. Lili mourut en 1918 à Mézy (Seine-et-Oise). *D'un vieux jardin* commence en do dièse mineur, mais comporte des développements harmoniques s'éloignant de beaucoup de la tonalité de base, pour y retourner cependant à la fin. L'originalité de la mélodie et de l'harmonique ne laisse d'éveiller une profonde admiration si l'on considère que cette compositrice extrêmement douée mourut dès l'âge de 25 ans.

Paul Hindemith, né en 1895 à Hanau, mort en 1963 à Francfort s./Main, fut professeur de composition à l'Ecole supérieure de Musique de Berlin à partir de 1927. Il quitta l'Allemagne pour des raisons politiques en 1935, vécut pour une part en Suisse et aux USA, où il s'installa définitivement en 1940 et prit la nationalité américaine. Hindemith, violoniste et altiste, n'a cependant pas oublié le piano dans ses nombreuses compositions. Sont importantes en particulier ses trois Sonates pour piano et le *Ludus tonalis*, réunissant, sur le modèle du *Clavier bien tempéré* de Bach, 12 fugues introduites par un prélude et reliées entre elles par des interludes. *Interludium* et *Fuga tertia* sont écrites dans une «tonalité élargie», c'est-à-dire qu'ils utilisent toute la palette de la dodécaphonie, mais en se rapportant cependant à un centre tonal (tonique de référence). L'*Interludium* est «en si», la fugue «en fa». Pour le *Morceau pour piano*, il est recommandé de faire reposer le déroulement rythmique sur des croches et d'utiliser le métronome: croche = 60-64. Hindemith s'est libéré plus fortement ici des contraintes tonales, pour s'approcher de l'atonalité. La tonalité de référence du début, sol, ne semble revenir qu'aux mesures 6 – 8, et se perd finalement, jusqu'à ce que le morceau s'achève en do dièse mineur.

Carl Orff, né en 1895 à Munich, où il mourut en 1982, a, avec son *Schulwerk* et l'ensemble de ses instruments, donné de nouvelles impulsions à l'enseignement de la musique (et ce pas seulement en Allemagne). De 1950 jusqu'à son passage au statut de Professeur honoraire, il dirigea une classe supérieure de composition à l'Ecole supérieure de musique à Munich. Le style d'Orff est influencé par Debussy, Schoenberg et Stravinsky, et, bien qu'il ne fut pas compositeur pour piano, il a anticipé dans ses *Exercices pour piano* (1934) quelques morceaux de sa célèbre *Carmina Burana* pour chœur et orchestre (1936). Les trois morceaux sont faciles et simples, écrits dans un caractère de danse.

George Gershwin, né à en 1898 à New York, mort en 1937 à Los Angeles, fut l'un des premiers à établir une relation entre le jazz et la musique symphonique «classique». Son opéra *Porgy and Bess* et sa *Rhapsodie in Blue* sont représentés dans le monde entier. Tout aussi appréciés dans les statistiques de représentation, ses comédies musicales ses musiques de film, ses revues et ses chansons. Dans son célèbre *Prélude*, qui a été orchestré également pour des distributions diverses, la main gauche doit jouer fréquemment des dixièmes. Les petites mains peuvent ici utiliser l'arpège.

Aaron Copland, né en 1900 à Brooklyn, New York, est considéré comme le fondateur d'une musique typiquement américaine, empreinte par les éléments du jazz. Son œuvre comprend deux opéras, des compositions pour orchestre et pour chœur, des musiques de film et de la musique de chambre, ainsi que de nombreuses œuvres pour piano. Il reçut de nombreux prix musicaux américains et des titres de docteur honoris causa, et exerça une grande influence sur la génération des compositeurs suivante aux USA. Il mourut en 1990, très âgé, à North Tarrytown. La *Sentimental Melody* est composée en partie de manière bitonale: la main droite préfère la gamme pentatonique en ré bémol, la main gauche assure l'accompagnement sur la base de l'accord fondamental en fa majeur.

Joaquín Rodrigo, né en 1901 à Sagunto (Espagne), aveugle depuis l'âge de trois ans, fit ses études à partir de 1927 auprès de Paul Dukas à Paris. En 1939, il s'installa à Madrid, et devint célèbre dans le monde entier la même année pour son *Concierto de Aranjuez*. Il mourut en 1999 à l'âge de 97 ans à Madrid. Comptent au nombre de ses compositions des opéras et des ballets, de la musique pour guitare et pour piano, ainsi qu'un concerto pour piano et orchestre. *Rustica* est une danse, mais doit cependant être joué très calmement, comme un lied.

Aram Khatchatourian, né en 1903 à Tbilissi, mort en 1978 à Moscou, fut Professeur de composition au Conservatoire de Moscou à partir de 1951. Ses œuvres sont caractérisées par une étroite relation avec les chants et danses du folklore arménien et caucasien. Ceci est tout particulièrement le cas pour ses œuvres pour piano. Dans *Contes de pays lointains*, c'est le rythme de danse 6/8 qui détermine le morceau. Est également caractéristique le traitement chromatique de la mélodie.

Mátyás Seiber, né en 1905 à Budapest, décédé dans un accident de voiture en Afrique du Sud en 1960, dirigea de 1928 à 1935 une classe de jazz au Conservatoire Hoch de Francfort s./Main, avant de devenir compositeur et musicien indépendant à Londres. Ses modèles furent Bartók et Kodály. Les *Variations sur une chanson populaire bashkirienne* sont un exercice utile pour l'indépendance des deux mains. Pendant qu'une main joue la mélodie en staccato, l'autre doit y opposer une voix syncopée, pour une part chromatique.

Dimitri Chostakovitch, né en 1906 à Saint-Pétersbourg, mort en 1975 à Moscou, nous laissa une œuvre riche, comprenant 15 symphonies, 30 opéras, des œuvres pour chœur, des musiques de scène et de film, des ballets et de la musique de chambre. Dans son œuvre pour piano, importante, les 24 préludes et fugues prennent une place décisive, une sorte de «clavier bien tempéré» du 20ième siècle (comparable au *Ludus tonalis* d'Hindemith). Le *Prélude* comporte un passage difficile, à l'endroit où la main droite joue en même temps des trilles et la mélodie. Pour le déroulement des 4 mesures, l'interprète trouvera un conseil en note de bas de page.

Wolfgang Fortner, né en 1907 à Leipzig, mort en 1987 à Heidelberg, fut Professeur de composition aux Ecoles supérieures d'Heidelberg, de Detmold et de Fribourg. H. W. Henze, M. Kelemen, G. Klebe, A. Reimann, W. Rihm et H. Zender comptent au nombre de ses élèves. Fortner nous a laissé une foule de compositions dans presque tous les domaines instrumentaux et vocaux. La *Passacaglia* renoue avec la vieille forme des 16ième-18ième siècles et est réalisée avec rigueur, car le thème à quatre mesures, comportant les 12 notes, étant repris 16 fois. Fortner associe ici un élément de la dodécaphonie avec la langue liée à la tonalité du néoclassicisme.

Kurt Hessenberg, né en 1908 à Francfort s./Main, où il mourut en 1994, fit ses études de composition à Leipzig auprès de Günther Raphael et des études de piano auprès de Robert Teichmüller. A partir de 1933, il enseigna à Francfort au Conservatoire Hoch, et fut Professeur de composition à l'Ecole supérieure de musique de Francfort de 1953 à 1973. Il obtint en 1951 le Prix Robert Schumann de la ville de Düsseldorf. Il composa principalement de la musique religieuse pour chœur et de la musique pour orgue, mais aussi des symphonies, des concertos pour soliste, de la musique de chambre et des œuvres pour piano à 2 et 4 mains. Son *Praeludium*, inspiré d'une aria de Bach, vit le jour en 1945 et est écrit pour clavicorde (ou piano), c'est-à-dire pour le plus doux et le plus intime des instruments à clavier. Cette pièce mélancolique se pose ainsi en document d'une méditation introvertie à la fin de la Deuxième Guerre mondiale.

Eduard Pütz, né en 1911 à Illerich près de Coblence, mort en 2000 à Bad Münstereifel, fit ses études à l'Ecole supérieure de musique de Cologne auprès de Heinrich Lemacher et d'Hermann Schroeder. De 1950 à 1965, il fut professeur de musique au lycée de Rheinbach, de 1965 à 1979 professeur de théorie musicale à l'Ecole de musique rhénane de Cologne. Eduard Pütz s'attachait à surmonter les frontières entre ce que l'on appelle la musique «sérieuse» et la musique «de divertissement». La *Ballade* est le deuxième mouvement de sa *Jazzsonate*, et développe, à partir d'un thème calme, cinq variations qui font l'effet d'une improvisation.

Jean Françaix, né en 1912 au Mans, mort en 1997 à Paris, fut un excellent pianiste. Ses nombreuses œuvres pour piano à 2 ou à 4 mains sont souvent surmontées de titres programmatiques ou reposent sur une danse (*Eloge de la danse*). *En cas de succès* est une pièce de rappel brillante. La vitesse de métronome 5 croches = 72 est certainement un peu trop rapide, une grande importance devrait être accordée à la remarque „senza Ped.". Dans les accords de la main droite, la note supérieure fait partie d'une mélodie et devrait donc être jouée plus fort que les autres notes de l'accord.

Bernd Alois Zimmermann, né en 1918 à Bliesheim, mort en 1970 à Königsdorf. Ces deux villes se situent prés de Cologne, où le compositeur travailla, entre autre, de 1957 à 1970 en tant que Professeur de composition à l'Ecole supérieure de musique. Il créa, au cours de sa vie brève (52 ans), une œuvre fort riche: un opéra, deux cantates, un requiem, de la musique pour orchestre et de la musique de chambre, ainsi que des contributions impressionnantes pour le jeu à quatre mains sur deux pianos avec et sans orchestre. L'*Aria* extraite du cycle *Enchiridion* (mot grec signifiant petit livre, catéchisme), commence par une mélodie simple, cantabile, dont l'ampleur, partant de l'espace de cinq notes au début (ré à la), augmente progressivement, avant de diminuer à nouveau. Il en résulte une courbe de tension intéressante. Un rythme varié (avec de nombreux changements de mesure) et une harmonie de tonalité libre recherchée confère à cette aria un caractère aérien.

György Ligeti, né en 1923 en Transylvanie (Hongrie), fit ses études à l'Académie Liszt de Budapest, où il travailla à partir de 1950 en tant que professeur de théorie musicale avant d'émigrer à Vienne en 1956 et de prendre la nationalité autrichienne en 1967. Il travailla à titre d'artiste invité au studio de musique électronique de la radio WDR à Cologne, à Darmstadt, Stockholm et en Californie. Depuis 1973, il vit à Hambourg, où il enseigne en tant que Professeur de composition à l'Ecole supérieure de musique. Il obtint de nombreux prix de composition internationaux, dont le Prix Beethoven de la ville de Bonn, le Prix Bach de Hambourg et le Prix Ravel de la ville de Paris. Dans le cycle *Musica ricercata*, Ligeti poursuit une idée de départ intéressante, basant les différents mouvements sur un certain nombre de notes. Ainsi par exemple, le premier morceau se contente d'une seule note, le quatrième morceau utilise quatre notes (si bémol, la, sol, fa dièse), le mor-

ceau imprimé ici, le sixième, utilise six notes (mi, ré, do dièse, si, la, fa dièse).

Oscar Peterson, le célèbre pianiste de jazz, naquit en 1925 à Montréal. De nombreux disques et concerts aux festivals de Jazz les plus renommés du monde témoignent du génie de sa technique pianistique, tant en soliste qu'en qualité de partenaire d'un ensemble. Par des publications connues dans le monde entier, il s'est également engagé pour les générations montantes du piano, par exemple par les deux *Exercices de jazz* extraits du recueil en plusieurs volumes *Jazz Piano for the Young Pianist*.

Hans Werner Henze, né en 1926 à Gütersloh, fit ses études, après sa libération des camps de prisonniers anglais, auprès de Wolfgang Fortner à Heidelberg et de René Leibowitz à Paris. Il fut directeur artistique des théâtres de Constance et Wiesbaden. Depuis 1953, il vit en Italie en tant que compositeur indépendant. Il enseigna la composition à Salzbourg et Cologne. La *Ballade* est typique du style expressif de Henze, caractérisé par une mélodie cantabile et une sonorité sensible, et exploitant sur le plan de l'harmonie la totalité de l'espace tonal (la première mesure déjà comprend les 12 notes).

Wilhelm Killmayer, né en 1927 à Munich, fit ses études de composition auprès de Carl Orff à l'Ecole supérieure de musique de Munich, où il travailla de 1973 à 1991 en tant que Professeur de composition. Le *Nocturne III* est dédié à John Field, compositeur irlandais romantique qui fut le premier à composer des nocturnes et inspira Chopin pour ses célèbres morceaux.

Toru Takemitsu, né en 1930 à Tokyo, où il mourut en 1996, produisit des compositions très individuelles, sans se rallier à aucun courant. Son œuvre pour piano est extrêmement nombreuse et se distingue par une acception sensible du son, le coloris et les structures, ce faisant, apparaissant souvent dans le cadre de formes improvisées. *Litany* vit le jour en 1990, plainte relative à la mort de son ami Michael Vyner.

Toshi Ichiyanagi, né en 1933 à Ashiya-Shi (Japon), fut l'élève de K. Hirao et T. Ikenouchi et séjourna de 1952 à 1961 aux USA, où il rencontra John Cage et Aaron Copland, qui exercèrent une profonde influence sur son œuvre. Il écrivit tout d'abord de la musique électronique et expérimentale, avant de se tourner ensuite vers la musique pour orchestre, la musique de chambre et la musique pour piano. Il composa également des morceaux pour des instruments japonais traditionnels. Son cycle *Cloud Atlas* décrit le monde fascinant des formes des nuages.

Georg Kröll, né en 1934 à Linz sur le Rhin, fit des études à l'Ecole supérieure de musique de Cologne auprès de Frank Martin et de Bernd Alois Zimmermann. De 1964 à 1997, il fut professeur à composition à l'Ecole de musique rhénane à Cologne. Le morceau pour piano *Hommage à Messiaen* fait partie d'un ouvrage en court portant le titre de *Tagebuch für Klavier* [*Journal pour piano*], qui utilise une ligne de base de la *Suite pour piano* op. 25 de Schoenberg, traitée de manière variée.

Helmut Lachenmann est né en 1935 à Stuttgart et y fit ses études de piano et de composition à l'Ecole supérieure de musique (auprès de Johann Nepomuk David), avant de devenir l'élève de Luigi Nono pendant deux ans à Venise. De 1970 à 1976, il travailla en tant que Professeur à Ludwigsburg, à partir de 1976 à l'Ecole de musique de Hanovre. Il remporta des prix de composition à Munich, Stuttgart et Hambourg. Son cycle pour piano *Ein Kinderspiel* [*Un jeu d'enfant*] poursuit une intention pédagogique. Le morceau *Falscher Chinese* [*Faux Chinois*] utilise des moyens originaux défigurés, et joue en percussion avec les touches noires et blanches. La mesure exigée par le compositeur dans sa indication métronomique, noire = 84, est très rapide et ne pourra être atteinte que progressivement.

Chick Corea, né en 1941 à Chelsea (USA), fait partie des pianistes de jazz les plus connus. Il commença sa carrière en 1970 en tant que représentant du free jazz, mais soutint également plus tard le style harmonique. Ses *Children's Songs* font partie des compositions de jazz pour piano les plus importantes et travaillent avec des figures d'accompagnement en ostinato. Ils sont tous faciles à jouer et donc utiles pour familiariser les enfants avec les éléments du jazz.

Susanne Erding, née en 1955 à Schwäbisch Hall, fit tout d'abord des études de musique scolaire et d'anglais, puis étudia la composition à Stuttgart auprès de Milko Kelemen. Elle écrivit des œuvres pour orchestre, de la musique de chambre et des lieder. Sa composition *Chillan* (Chillan est une ville du Chili) parut en 1985 dans le recueil *Frauen komponieren* [*Femmes compositeurs*] (Schott ED 7197).

Mike Schoenmehl, né en 1957 à Mayence, fit des études de musique scolaire à l'université de Mayence et se fit un nom en tant que pianiste de jazz et arrangeur.

Aujourd'hui, il enseigne le jazz et le piano à l'Ecole supérieure de musique à Francfort. Son œuvre de composition est centrée sur les morceaux pédagogiques, qui se veulent introduire à la stylistique de la musique de jazz et de la musique pop. Le morceau *Die kaputte Schallplatte* [*Le disque rayé*], humoristique, fait partie du cycle connu *Little Stories in Jazz*. Comme dans le cas d'un disque rayé, le déroulement normal de la musique est sans cesse troublé, de nombreux changements de mesure et des pauses interrompent le «walking bass» de la main gauche, jusqu'à ce que, enfin, la composition s'arrête complètement dans un glissando.

Mark Anthony Turnage, né en 1960 dans l'Essex, fit ses études de composition au Royal College of Music à Londres – à partir de 1983 auprès de Gunther Schuller et de Hans Werner Henze dans le cadre d'une bourse Mendelssohn. Il écrivit des opéras, des œuvres pour orchestre, de la musique pour chœur et des œuvres de musique de chambre. Le morceau lyrique pour piano *Tune for Toru* vit le jour en 1996 à la mémoire du compositeur japonais Toru Takemitsu.

Moritz Eggert, né en 1965 à Heidelberg, fit des études de piano et de composition 1986 à 1992 à l'Ecole supérieure de musique de Munich auprès de Wilhelm Killmayer et Hans-Jürgen von Bose. Il obtint de nombreux prix pour ses activités de compositeur et d'interprète de musique nouvelle et fut boursier de la Villa Massimo à Rome en 1996-97. Le cycle pour piano *Hämmerklavier* fut achevé en 1995 et comporte dans sa 4ième partie *Zwei Minaturen* [*Deux miniatures*] pour Hans Werner Henze (Schott ED 8622). Les deux pièces (*Omaggio/Silberberg-Variationen*) virent le jour en 1993/94, et furent sélectionnées pour le présent recueil à tire d'exemple de musique de la génération des jeunes compositeurs.